60대 청춘의
못다 한 이야기들

최 연 수필집

60대 청춘의
못다 한 이야기들

초판 인쇄 2020년 12월 17일
초판 발행 2020년 12월 23일

저 자　최 연
발행인　방인태
발행처　에세이아카데미

출판등록 2019년 2월 14일 제2019-000024호
주 소　01113 서울특별시 강북구 도봉로77길 6, 702호(수유동, 이테크벨리 오피스텔)
전 화　010-8886-1491
이메일　hongsan1305@naver.com

값 10,000원
ISBN 979-11-967770-4-3　03810

*이 책의 저작권은 저자에게 있습니다. 저자 허락 없이 무단 전재 및 복제를 금합니다.
*잘못된 책은 바꿔드립니다.

이 도서의 국립중앙도서관 출판 시 도서목록(CIP)은
서지정보유통지원시스템 홈페이지(http://seoji.nl.go.kr)와
국가자료공동목록시스템(http://www.nl.go.kr/kolisnet)에서 이용하실 수 있습니다.
(CIP제어번호 :CIP2020053316)

60대 청춘의 못다 한 이야기들

최연 수필집

에세이아카데미

■ 작가의말

말빚을 다 갚지 못할 것이면서

　현대적 잣대로 볼 때 성공, 출세와 거리가 멀고 이루어놓은 것과 내세울 게 없는 사람이 지나온 삶을 풀어놓았다. 나와 주변에서 경험한 일들을 이야기의 그릇 속에 담았는데 아무래도 미흡한 점이 많을 것이다.

　담긴 글의 내용은 대부분 자기 본위적일 것이다. 하지만 부끄러운 자화상을 가감 없이 드러냈을 뿐 자랑하고 과시할 생각은 전혀 없었다. 보편성을 띠지 않는 내 지난 삶의 궤적이지만 독자들이 다소의 재미와 카타르시스를 느끼고 타산지석으로 삼으면 좋겠다.

부족하기 짝이 없는 책을 벌써 네 권째 냈다. 말빚을 다 갚지 못할 것이면서 거듭 책을 꾸미는 스스로를 책망하면서도 세상에 하고 싶은 이야기는 끝이 없어 이렇게 독자의 눈앞에 섰다.

감동이 없고 감성이 메마른 시대에 살고 있지만 이 책이 사람들에게 다소나마 공감과 위안을 준다면 작은 보람일 것이다.

2020년 가을에
최 연

차례

작가의말 • 4

1부_ 치기 어린 시절

광클릭, 이제 그만 • 10
통금 시대 2제 • 16
한여름 밤의 드잡이 • 20
주식 차 • 23
음주 운전 한 번 • 26

2부_ 달고 쓴 기억들

애마를 그리워하며 • 30
어느 젊은 재사의 죽음 • 36
외할머니의 추억 • 43
산행의 무서움 • 46
어떤 악연 • 50
추억과 앨범 • 58
존재감의 과시 • 65

3부_ 냉혹한 세상 경험

부도어음 회수하기 • 72
부동산중개업 영업정지 • 76
경조사 세태 유감 • 84
금주禁酒의 변辯 • 95
결혼은 이제 선택과목인가 • 105
퇴직금 공중분해 • 111

4부_ 이런저런 이야기들

꿈 • 124
인생과 나이 • 134
이름 이야기 • 144
과천에 살리라 • 157
코로나의 가르침 • 163

5부_ 사색의 길목에서

산을 거닐며 • 170
사랑이란 이름은 • 178
산행 예찬 • 185
이 가을을 보내는 뜻은 • 197
나이 들면 보이는 것들 • 204

1부

치기 어린 시절

- 광클릭, 이제 그만
- 통금 시대 2제
- 한여름 밤의 드잡이
- 주식 차
- 음주 운전 한 번

광클릭, 이제 그만

　일요일 오늘도 늦은 귀가다. 이른 아침에 나가 산행을 하고 뒤풀이까지 마쳤기 때문이다. 피곤하여 쉬어야겠다는 마음은 그냥 생각일 뿐이다. 손은 PC 전원을 켠다. 바둑 사이트를 몇 군데 열고 이리저리 대국 신청을 한다. 매치가 되면 얼굴도 이름도 모르는 상대와 인터넷 바둑을 둔다. 계속 지면 이길 때까지 대들 것이고 이기면 승수를 늘리려고 또 둘 것이다. 새벽 네 시까지 두다 무너지는 몸을 거두고 잠자리에 든다. 다음 날 일하기 위해선 두세 시간이라도 눈을 붙여야 하기 때문이다.

　중·고등학교 내 생활기록부 취미란에는 독서와 바둑이라고 기록돼 있다. 어느 작가의 말마따나 독서는 밥과 같은 것이어서 엄밀히 말해 취미라고 할 수 없지만 바둑은 취미라고 하겠다. 초등학교 때 오목을 가르쳐 준 친구는 있었지만 바둑을 가르쳐 주는 사람은 따로 없었다. 여름날 동네 사람들이 그늘 밑에서 두는 바둑을 눈동냥한 것이 시초다. 그 후 틈틈이 여러 사람들과 풋바둑을 두었고 책도 구해서 공부하기도 했다.

바둑, 흑돌과 백돌이 겨뤄 집 차이로 승패를 가름 짓는 두뇌 스포츠다. 어느 전문 기사는 바둑을 한 편의 예술이라고 했다. 나는 한판의 바둑에서 인생의 단면을 엿본다. 귀는 가정, 변은 사회, 중앙은 더 넓은 세상무대다. 집은 재물 또는 성공이라는 삶의 목표가 아닐까. 상대의 대마를 잡거나 더 큰 집을 지으려 하는 노력은 우리 인생의 생존경쟁과 비슷하지 않을까. 다른 점이 하나 있다면 인생에서는 온몸을 던지는 치열한 전쟁이고 바둑에서는 결국 자기 내면과의 싸움이란 사실이다.

20세기 인간의 위대한 발명품은 컴퓨터라고 한다. 그렇다면 바둑은 유사 이래 가장 훌륭한 발명품이 아닐까. 옛날 누가 만들었는지 모르나 그에게 무한한 찬사와 경의를 표하고 싶다. 맛있는 음식은 먹어 본 사람만이, 여행의 즐거움은 다녀 본 사람만이 알 수 있듯이 바둑의 묘미는 그것에 빠져든 사람만이 맛볼 수 있다. 가로세로 19로의 반면에서 펼쳐지는 대국은 우리에게 많은 것을 일깨워 준다. 잔잔한 호수와 같은 판이 있는가 하면 폭풍과 비바람이 몰아치는 판도 있다. 졌지만 기분 좋은 때가 있고 이겼어도 개운치 않은 때가 있다. 일방적으로 크게 이기는 것보다는 형세가 몇 번씩 뒤바뀌다 아슬아슬하게 이기고 지는 게 진짜 재미다.

무궁무진하고 오묘한 수의 읽기, 천변만화하는 국면의 전개, 말이 살아 있다가 죽고 죽은 것 같은 말이 다시 살아나는 묘미는 다른 데서 거의 찾아보기 힘들다. 수많은 정석의 등장, 절묘한 맥, 통쾌한 축몰이, 멋들어진 환격, 바둑의 꽃인 피 말리는 패싸움은 바둑에서만 누리는 희열이다. 묘수와 실착을 둘 때는 인생의 작은 성공과 실패의 거울을 본다. 큰 욕심을 부리다 적당한 선에서 타협하는 인내심과 절제력은 삶의 교훈이 된다.

바둑을 단순한 소일거리 혹은 심심풀이로만 볼 것은 아니다. 등산에서 자연과 생명을 이해하고 성취욕과 겸손을 배우듯이 한판의 바둑에서 인생을 배울 수 있다. 기나긴 삶의 역정을 읽고 중요한 길목에서 심사숙고하고 최선의 선택과 결단을 내려야 한다. 목표를 향해 나아가되 때로는 멈출 줄도 알아야 하고 욕망하되 과욕을 피하고 때로는 타협과 절충으로 자족할 줄을 알아야 하는 게 바둑이다.

바둑에는 치열함도 있다. 정적인 자세로 두지만 반상의 내용은 아주 역동적이다. 독서는 고요히 내면을 살찌우고 등산은 고난을 이겨낼 힘을 키우지만 짜릿한 승부는 없다. 반면에 바둑 한판은, 물론 비기는 승부도 드물게 있지만, 대개 승부를 가르고야 말 한 편의 드라마다. 우리의 삶과 흡사하다.

바둑은 아이들 교육에도 좋다. 수리력과 집중력 향상에 도움을 줘 두뇌 발달에 효과적이다. 무엇보다도 집중력 향상에 최고다. 노인 치매 예방에 좋다는 사실은 널리 알려져 있다. 중등교육 과정에 정식 과목으로 넣으면 좋을 것이다.

약간의 부작용도 없지는 않다. 지나친 몰입과 탐닉은 문제다. 허구한 날 바둑을, 그것도 밤늦게까지 두다 아내에게 몇 번 발각되어 심한 잔소리를 듣기도 했다. 그래도 바둑에의 열망(?)을 멈추지 않자 아내는 물리력을 행사했다. 애들을 시켜 오락시간 제한 프로그램을 PC에 깔아놓은 것이었다. 나도 내 의지로 통제가 안 되니 꼼짝없이 감수할 수밖에 없었다. 나이 지긋한 중년이 졸지에 미성년자로 둔갑된 것이었다. 그렇다고 중독이 어디 쉽게 해소되랴. 집에서 못 하고 PC방으로 나돌아 다녔다. 마침내 아내가 항복하고 말았다. 멍석 깔아 주니 외려 흥미를 잃었다.

내가 바둑을 미치도록 좋아한 이유는 무엇일까. 몰두함으로써 온갖 시름과 자신의 존재마저 잊을 수 있었기 때문은 아닐까. 괴로운 현실을 잊기 위해 술을 마시는 것처럼 말이다.

틀린 말은 아니지만 그것보다도 더 적합한 이유가 따로 있다. 나는 말주변이 없고, 노래도 못 부르고, 당구 같은 대중오락과도 담 쌓은 무미건조한 인간이다. 그러니 소싯적부터 배워 온 바둑 하나를 부여잡고 있었던 터다. 그것도 오직 승부에만 집착했다. 두는 과정을 즐기고 어떤 깨달음을 얻을 줄 몰랐다. 결과만을 중시하고 안달했다. 이겨봤자 돈이나 떡이 생기는 것도 아닌데 말이다. 시간을 뺏기고 체력을 손상하고 일상의 다른 것들을 소홀히 했을 뿐이다.

클릭을 멈추고 잠깐 자신을 돌아본다. 바둑으로 얻은 것보다 잃은 것이 더 많지는 않았을까. 혹시 나를 외골수로 만든 것은 아닐까. 나 자신은 물론 가족의 일상까지 헝클어 놓았던 것은 아닐까.

새로운 취미 몇 개 더 갖는 것도 나쁘지는 않을 것이다. 아내와 함께 하는 배드민턴도 더 열심히 해야겠다. 예전 좋아하던 탁구와 자전거도 다시 시작해야겠다. 간간이 해 오던 외국어 공부 시간도 좀 늘려야겠다. 일기도 꼬박꼬박 잊지 않고 쓰는 것도 좋은 취미일 것이다.

시야를 넓히면 내가 하고 싶고 해야 할 일이 아직 많이 기다리고 있음을 발견한다.

창밖을 바라보니 가을날의 햇살이 눈부시다.

통금 시대 2제

일제강점기부터 시행되어온 야간 통행금지가 80년대 초 전면 폐지됐다. 통금이 해제되면 사람들의 생활이 무절제해지고 범죄가 증가하고 사회적 혼란이 있을 것이라는 염려는 기우였다. 사람들의 얼굴에는 생기가 돌았고 뭔가 사회는 밝은 분위기였다.

엄혹했던 시절의 통금에 얽힌 두 번의 경험을 들려주고 싶다. 20대 후반의 고삐 풀린 망아지 시절의 이야기다.

1.

고등학교 동창들과 공부는 뒷전이고 걸핏하면 술 마시고 돌아다니던 때가 있었다. 무슨 돈으로 그렇게 마시고 다녔는지 아직도 이해되지 않는다. 그날도 여럿이 술 마시다 한 친구와 트러블이 생겼다. 성격이 꼬장꼬장하고 조금만 수틀리면 걸고넘어지는 친구였다. 이유는 지금 전혀 기억나지 않지만 심하게 다퉜던가 싶다. 말싸움이 주먹다짐으로 번졌고 쫓고 쫓기는 추격전까지 벌어졌다. 밤 12시가 가까워 오자 다른 친구들도 문득 사라지고 달랑 나 혼자 남았다. 파출소에 가 자진 신고하면 봐 준다는 것은 나중에야 알았다. 알았더라도 배짱 없고 범법자 낙인이 싫었던 나는 파출소에 가지 않았을 것이다. 여관 갈 돈은 당연히 없었고 어쩌면 좋을까 인적 드문 밤길에 서서 고민했다. 취해 몽롱한 내 눈에 포장마차 하나가 들어왔다. 누군가 장사 끝난 뒤 놓아두고 간 것이었다. 그 안에 들어서자 사면의 휘장이 건물의 벽처럼 나를 가려주었다. 간간이 딱딱이 소리를 내며 방범대원들이 지나갔다. 그 속에 사람이 통금을 피해 웅크리고 있으리라곤 꿈에도 생각 못했을 것이다. 새벽 4시에 통금이 해제되고 포차에서 나왔으나 버스를 타기까지는 거리에서 한참을 더 배회해야만 했다.

2.

대학 친구와 북한산에 갔을 때 일이다. 여럿이 함께였는지 둘만 갔는지는 자세히 기억이 안 나지만 그건 중요한 게 아니었다. 이름 끝이 '순' 자인 그 친구와 하산해 술과 식사를 했을 때는 어느새 땅거미 지는 저녁 무렵이었던가 싶다. 오후에 산에 올랐는지 무엇을 화제로 얘기했는지도 오랜 세월이 흐른 지금 떠오르는 것이 숫제 없다. 뚜렷이 생각나는 것은 꼭 한 가지, 그가 불현듯 내게 화를 냈다. 내가 자기를 잡아둬 귀가가 늦어 큰일 났다는 것이다. 아버지가 현역 육군 대령으로 아주 엄해 10시까지 반드시 집에 들어가야 한다는 것이었다. 나는 그저 황당하고 어이가 없었다. 이제까지 같이 산에 가고 함께 밥과 술 먹고 했는데 그게 왜 내 잘못이란 말인가. 내가 완력으로 일찍 귀가하려는 그를 잡아두기라도 했단 말인가.

  거기서 인간의 양면성을 발견했다. 그는 평소 말이 없고 양순하고 공부만 열심히 한 친구였는데 어떤 상황이 발생하자 사납고 이기적인 사람으로 돌변한 것이었다. 얼른 해결해 주지 않으면 거친 놈의 언행으로 보건대 손찌검까지 할 기세였다. 돈 없는 학생이 평소 벌벌 떨고 이용하지 않는 택시를 잡아타고 그의 집으로 달려갔다. 이미 그의 금족 시간은 지나 있었고 그는 내내 굳은 표정을 풀지 않고 있었다. 차에서 내린 그는 고맙다거나 잘 가라는 말 대신 차가운 경멸의 시선을 내게 던지고 등을 돌렸다. 다음은 내가 문제였다. 버스가 이미 끊겼고 통금 시간은 바로 코앞에 다가왔다. 숨을 데를 찾는 나의 시야에 역시 휘장 있는 트럭 한 대가 들어왔다. 주저 없이 그 위에 올라탔고 먼저와 같은 자세를 취했다. 실제 경험해본 사람은 알리라. 비좁은 공간에서 남의 눈을 피해 꼼짝 않고 견딘다는 것이 얼마나 힘든 일인지. 한심한 내 꼬락서니에 부아가 났다. 지난번은 자업자득이라 참을 수밖에 없었는데 이번은 참 억울한 피해자가 되어 바보짓을 했다는 느낌이 들었다. 그날 이후 그와는 뜨악한 사이가 되고 말았다.

한여름 밤의 드잡이

 1980년 여름이니 오래전 얘기다. 친구 둘과 서울 시내에서 놀다 저녁때 무교동의 한 주점에 들어갔다. 내부가 광장처럼 넓었다. 한 친구는 약사이고 다른 친구는 공무원으로 주량들이 꽤 셌다. 안주로 음식을 한 가지 시켰는데 무언가 미흡했었나 보다. 약사 친구가 술값을 못 주겠다고 소리쳤다. 내라, 못 준다 서로 팽팽하게 맞서는 중 사람들이 마구 불어났다. 몰려든 사람들은 당연히 저쪽 편이었고 어쨌든 음식 먹고 술 마시고 값을 안 치르는 우리 쪽이 불리한 것은 자명한 일이었다. 문신한 몸을 드러내고 웃통을 벗어부친 덩치 큰 남자들이 마구 덤벼들 때 약골인 나로서는 솔직히 겁이 났다. 두 친구는 그런 일 많이 겪은 사람처럼 주눅들지 않고 싸웠다. 하지만 중과부적에 힘으로는 상대가 되지 않는 우리들이었다. 한동안의 드잡이 끝에 상황이 종료되었다. 두 친구가 그들과 격렬한 싸움을 벌이다 폭행당하고 어딘가 다쳤나 싶었다. 더운 여름날 모처럼 괜찮은 구경거리 생겼다는 듯 구경꾼들이 꾸역꾸역 모여들었다. 요란한 사이렌 소리를 앞세워 경찰 백차가 들이닥쳤고 그 차는 당사자들을 파출소 아닌 경찰서로 태우고 갔다. 나는 혼자 관할 남대문경찰서까지 터벅터벅 걸어갔다.

주먹이 법보다 가깝다지만 결국은 법이 이김을 확인했다. 쌍방 과실이긴 하나 무전취식보다 폭행 치상죄가 큰 것은 분명한 일이었다. 더구나 공무원 친구는 다름 아닌 검찰청 주사였다. 술집 쪽에서 임자를 잘못 만난 셈이고 긁어 부스럼을 만든 꼴이었다. 자정이 훨씬 넘었으나 서로 한 치 양보 없는 주장을 펼쳐 조서 작성에 시간이 오래 걸렸다. 통금이 있을 때였으나 술을 같이 마신 나는 일이 끝날 때까지 기다리려고 했다. 밖에서 경비를 서는 경찰관이 당사자 아닌 사람은 그럴 필요 없다고 거듭 만류했다. 3시간쯤 대기하다 귀가했다.

나중에 간접적으로 듣자니 둘은 상해진단서를 첨부해 가해자들을 고소했고 적지 않은 치료비와 합의금을 받아냈다고 한다. 그 뒤 둘에게서 아무 연락이 없었다. 같이 마음 고생 했다고 전화 한 통 해 줄 법하건만 깜깜무소식이었다. 술 따위가 앞서고 깊이 없이 건성으로 만나는 친구의 부류였던가. 친구의 정의를 잠깐 되새기게 하는 경험의 한 토막이었다.

주식 차

1980년 후반 은행에 근무할 때 얘기다. 내가 아직 계장일 무렵 초임대리가 한 명 발령 나서 왔다. 키와 몸집이 크고 눈이 부리부리한 그는 나보다 두 살 많았다. 이름에 구슬 옥 자가 들어가지만 여성의 이미지는 눈곱만큼도 없었다. 하급자의 작은 실수를 용납하지 않고 사사건건 못살게 굴었다. 요즘 같으면 어림없는 일이지만 그때는 은행 대리만 해도 권한과 위세가 막강하기에 가능한 시절이었다. 얼마나 시달렸으면 동료 누군가가 전쟁터였으면 틀림없이 그를 총으로 쏴 죽이고 말았을 거라 말했을 정도다.

그는 이재에 밝아 주식으로 돈을 많이 벌었다. 주식시장이 한창 호황일 때라 수단 좋은 사람은 누워서 떡 먹기 식으로 쏠쏠한 수익을 올릴 수 있었다. 우리사주까지 활용해 적지 않은 돈을 긁어모은 것이었다. 하지만 개인당 한도가 있어 아무리 자금이 많아도 돈을 불리는 데에 한계가 있었다.

얼굴 두꺼운 그는 비상한 머리를 굴렸다. 주식에 관심이 없거나 돈이 없는 행원들을 찾아다니며 명의를 빌리는 것이었다. 속셈을 뻔히 알면서도 안 해 주면 무슨 해코지를 당할지 몰라 모두 사인해 줬고 나도 그 10여 명 중의 하나였다. 우리사주의 이익이 2배이고 차명이 15명이라면 앉아서 30배의 대박이 터지는 것이었다. 그는 그렇게 번 돈으로 고급 차를 하나 사서 목에 힘주고 끌고 다녔다. 우리는 그 차를 주식 차로 불렀다.

차익이 발생했으니 세금을 내야 했다. 그는 차명에 대한 답례를 전혀 하지 않고 입 딱 씻고 있다 고지서가 날아오자 양심은 있는지 1인당 10만 원씩 나눠 줬다. 그런데 실제 세금이 예상보다 적게 나왔다. 악명 높은 자린고비는 배가 무척 아팠겠지만 남은 돈을 돌려달라고 할 수가 없었고 그런다고 줄 사람 역시 아무도 없었다. 차명의 대가가 얼마라고 정해진 것은 없지만 누가 봐도 그것은 헐값이었다.

그 지점의 직원들끼리 모임을 만들어 정기적으로 만난다. 그와는 어쩌다 마주치지만 굳이 그때 사건을 언급하지 않고 겉으로만 반가운 척 얘기를 나눴다. 지난날의 허물이 희석될 만큼 오랜 세월이 흘렀고 모두가 양순한 회원들이라 다시 문제 삼지 않았다. 그는 우리 모임에 들어오고 싶어 하지만 우리가 받아들일 리가 없었다. 또 그런 피해를 볼 일은 없지만 사람됨은 오랜 세월이 지나도 변하지 않는 법이다. 같은 직급끼리 만든 모임이라고 둘러대고 그를 받아들이지 않았다.

내가 주식에 얼마나 무관심했던가를 증명하는 실화가 하나 있다. ㄱ 지점에서 ㄴ 지점으로 전근 갔는데 전 지점에서 연락이 왔다. 금고에 내 주식이 남아 있으니 찾아가라는 것이었다. 우리사주를 사면 실물주식으로 보관하도록 규정되었는데 그것을 까맣게 모르고 떠난 것이었다. 고객들 주식과 함께 정리할 때 나를 아는 직원이 담당자에게 알려준 모양이다. 그때 금액은 기억 안 나지만 뜻밖의 불로소득(?)에 한동안 기분이 좋았었다. 그런 내가 훗날 주식 때문에 큰돈을 잃을 줄이야 전지전능한 신인들 알았겠으랴.

음주 운전 한 번

　20년 전 은행의 예금계 과장으로 있을 때의 일이다. 어느 날 예금계 직원들과 회식을 했다. 행원들의 근무 의욕을 높이기 위해 이따금 치르는 일이다. 신나게 먹고 마시고 웃고 떠들고 상사들을 헐뜯고 지점의 잘못된 점을 비판하는 것으로 평소의 스트레스를 풀었다. 9~10시쯤에 집이 먼 사람도 있으니 그만 헤어지기로 했다. 나는 출근 때 가져온 차를 몰고 가기로 했다. 청하를 2병가량 마셨으나 운전하고 가는 데에 별 지장은 없을 듯했다. 원리원칙대로 자로 잰 듯이 살아온 내게도 그렇게 정도를 벗어난 행동을 하는 기질이 있었던 모양이다.
　남부순환도로의 사당역 못 미치는 곳에서부터 차가 밀리기 시작했다. 퇴근 시간대가 이미 지났는데 이상하다 싶었다. 아뿔싸! 경광등 켠 차가 앞에 서 있고 경찰들이 이리저리 부산히 움직이고 있었다. 덜컥 겁이 났으나 도수 약한 술

좀 마셨는데 설마 걸리랴 싶었다. 드디어 내 차례가 오자 음주측정기가 내 입으로 달려들었다. 0.05%~0.1%의 수치가 나왔던가 싶다. 그걸 눈으로 확인하는 순간 내 가슴은 철렁 내려앉았다. 입건, 면허정지, 벌금, 범법자란 불명예가 짧은 순간 머릿속에 회오리쳤다. 단속 경찰이 어디 다니며 무슨 술을 이리 많이 마셨냐고 점잖게 타일렀다. 가슴에 황모란 명찰을 단 순경이었다. 내 대답은 내가 생각해도 가관이었다. 기관에 다닌다(은행=금융기관), 법대 나와 평소 법규를 잘 준수하는데 오늘 기분 좋아 한잔 마셨다고 했다. 내 말을 액면대로 믿지 않았어도 어느 정도 효과가 있었을까. 그의 다음 조치는 전혀 예상 밖이었다. 이 상태로 운전을 계속하면 사고 나니 차를 놓고 귀가한 뒤 내일 찾으러 오라는 것이었다. 에누리 없이 단속한다는 의경이 아니어선가, 계도기간이어서인가 나로서는 지옥에서 부처님을 만난 셈이었다.

나는 사당역에서 집까지 약 6km를 걷기 시작했다. 버스와 지하철이 끊기거나 차비가 없어서가 아니었다. 걷다 보면 술이 깨겠지. 잘못을 반성하고 자신을 한 번 돌아보는 시간을 가지고 싶었다. 남태령의 수경사 앞을 지날 때 보초 서던 군인이 흠칫 놀라는 몸짓을 보였다. 한밤중에 혼자 걸어서 그곳을 지나가는 사람은 극히 드물었기 때문이리라. 그때 무슨 사념을 하고 어떤 결론을 얻었는지는 전혀 기억이 없다. 술이 덜 깬 채 잡념이 꼬리를 물고 터벅터벅 걷기만 했을 것이다. 한참 걷다 보니 다리가 아파 왔고 그냥 버스 탈 걸 후회하며 한시바삐 집에 가야겠다는 생각만 했을 것이다.

다음 날 그를 만나 키를 받고 차를 돌려받았다. 끝난 일이라고 모른 체할 수 없어 오만 원권 상품권 하나를 책에 끼워 선물했다. 음주운전으로 처벌받을 경우 직장에서 인사상 불이익당할 것을 생각하면 보통 고마운 게 아니었다.

2부

달고 쓴 기억들

- 애마를 그리워하며
- 어느 젊은 재사의 죽음
- 외할머니의 추억
- 산행의 무서움
- 어떤 악연
- 추억과 앨범
- 존재감의 과시

애마를 그리워하며

18살로 생을 마감한 내 차의 일생에 관한 이야기다.

IMF가 터진 1997년 12월 나는 몇 년 타고 다닌 소형차를 팔고 중형차 하나를 구입했다. 15% 할인받고 일시불로 차를 샀더니 때가 때인지라 주위 사람들이 매우 부러워하는 눈길을 던졌다. 출퇴근 때 운전대를 잡으면 마치 신분의 상승을 이룬 느낌이 들었고 괜히 우쭐댔으니 지금 생각하면 참 어리석은 짓이었다. 자동차는 꽤 편리한 이동수단이요, 나의 손발이었다. 돈이 더 들고 공해의 주범이자 달리는 흉기라는 단면은 까마득히 잊어버렸다.

기계문명에 젖은 현대인의 자동차를 향한 애정과 집착은 유별나다. 돈은 남에게 빌려줘도 차는 빌려주지 말라는 말까지 있다. 접촉사고로 자기 차에 조금만 흠집이 생겨도 도로를 막아놓고 크게 다투는 일은 심심찮게 발견한다. 차는 곧 그 사람의 대변자요 분신이었다.

  나 또한 그랬다. 자다가 차가 없어지지 않았나 집 밖에 나가 찾아보고 운전이 끝난 뒤 어디 상한 데가 없나 이리저리 살펴보고 장거리 여행을 마치고 나면 수고했다고 차의 보닛을 다정하게 쓰다듬어 주곤 했다. 우리 애들에게 그런 애정을 쏟았으면 진작 훌륭한 아빠 소리를 들었을 것이다.

  각별한 정과는 달리 운전 습관이 나쁜 주인을 만난 내 차는 고생이 참 많았다. 따로 도로 연수를 받고 혼자서 차를 천천히 몰고 가다 뒤에 오는 택시 운전사한테 대뜸 쌍욕을 들은 일이 있었다. 하지만 초보 운전 때의 초심을 버리고 자만과 방심으로 운전대를 잡고 거칠게 끌고 다녔다. 그 결과 접촉이나 추돌사고가 몇 번 발생해 그때마다 보험 처리했고 보험료는 매년 올라가기만 했다. 1998년 잠실에서 뒤쪽의 차를 못 보고 좌회전하다 그 차의 옆구리를 받은 일이 있었다. 써 보고 대금 지불하는 조건으로 타고 다니는 차였다며 발을 동동 구르던 피해자의 모습이 기억난다. 인사사고는 없음을 다행으로 여겨왔는데 기어코 어처구니없는 기록을 남겼다. 2004, 5년엔가 새벽에 딸을 학교에 데려다주고 서울역 앞을 지나다 신호대기 중인 앞차를 추돌했다. 빨리 집에 가 아침 들리려고 한 조급함이 화근이었다. 살짝 닿은 정도였고 상대방 여자도 이상 없음을 인정했다. 그런데 갑자기 머리가 아프고 정신적 충격을 받았다고 고통스러운 표정을 지었다. 일시적이겠지, 차가 멀쩡한데 설마 무슨 일 있으랴 싶었다. 내가 세상을 가볍게 본 죄과를 단단히 치렀다. 의사는 환자가 통증을 호소하면 원하는 대로 진단서를 떼 주기 마련인가. 결국, 약 100만 원의 돈을 치료비인가 위자료의 명목으로 지불하고 말았다.

그런가 하면 해괴한 일도 있었다. 은행원 시절 한국은행 별관에 지출(은행이 그날 받은 수표, 어음 등을 본점 또는 자금 결제 기관에 가지고 가는 일)하고 돌아서 나올 때였다. 비가 억수같이 내리고 사위가 칠흑처럼 어두웠다는 것이 변명이 될 수 있을까. 나가는 길을 못 찾고 헤매다 어느 길로 내려가는데 차 밑에서 자꾸 쿵쿵거리는 소리가 났다. 다 내려온 후 뒤를 보니 맙소사! 내가 지나온 길은 다름 아닌 계단이었다. 차의 하부가 이리저리 찢어진 것이 창피해 수리하지 않고 그냥 몰고 다녔다.

자동차는 단순한 공간의 이동수단에 그치지 않는다. 또 하나의 움직이는 방이요, 나의 생활 공간이었다. 하는 일이 안 풀리고 답답할 때 고속도로로 나가 질주의 본능을 만끽하고 돌아오면 가슴이 뻥 뚫리고 위안이 되는 느낌은 누구나 가져본 경험일 것이다. 무거운 머리를 식히고 타인을 의식하지 않고 쉬거나 낮잠을 잘 수 있는 곳이 바로 차 안이다.

언젠가 부부싸움을 한 뒤 집을 뛰쳐나왔다. 술집에 가서 혼자 술을 마시는 짓은 어리석어 주변을 마구 걸었다. 고삐 풀린 망아지처럼 미친 듯이 내닫다 문득 나의 애마가 눈에 띄었다. 그놈은 나의 흥분과 격정을 달래며 조용히 제 품으로 나를 끌어들였다. 홀로 앉아 무엇이 어디서부터 잘못되었나 되돌아보았다. 마음이 가라앉고 아무 일 없었던 듯이 집으로 돌아갈 수 있었다. 내 차는 우리 부부를 화해시킨 중재자 역할을 한 셈이다. 그럴 때 차는 나 자신을 돌아보고 명상하는 은밀한 내면의 공간이었다.

차에 올라 시동을 켠다. 곧 엔진이 힘차게 가동한다. 그 순간부터 차는 나와 함께 숨 쉬는 생명이 된다. 광야의 끝을 달리는 백마처럼 앞날의 꿈을 향해 달리는 자동차는 나와 한 몸의 숙명체로 바뀌는 것이다. 그것은 나의 꿈을 키우고 넓히고 실현시키는 동력이었다.

하지만 세월의 더께는 인간보다 차에 더 가혹했다. 해가 갈수록 차는 처음의 싱싱함과 윤택을 잃었다. 오래된 꽃처럼 시들고 퇴색해 갔으며 병든 가축처럼 활력을 상실했다. 더불어 나의 관심과 애정이 시나브로 식어 갔고 남의 일처럼 방관했다.

어디 차 끌고 다닐 일이 없어진 나와 차 살 돈을 아끼려는 딸의 이해관계가 맞아떨어져 차의 주인이 바뀌었다. 정기검사에서 합격 판정받기가 어렵고 갈수록 고장이 잦다고 투덜대는 딸의 말을 귓등으로 흘렸다. 그러던 어느 날 딸이 급기야 용역업체에 맡겨 폐차했음을 알렸다.

문득 숙연해진 나는 몹시 허전한 감정에 사로잡혔다. 정든 임을 잃은 서글픔 비슷한 것이랄까. 덧정이란 무서웠다.

한낱 쇠붙이에 불과한 자동차의 소멸에 아기 같은 나약한 감상에 젖다니… 내가 직접 그 수속을 밟았으면 어떤 장면이 벌어졌을까. 10년 이상 생사고락을 함께한 동반자가 한순간 고철로 일변하는 광경을 지켜보면서 혹시 꺼이꺼이 울지나 않았을까.

어느 젊은 재사의 죽음

　40대 초반의 전도양양한 남자 W가 있었다. 내 고등학교 10여 년 후배로 전교에서 1, 2등을 다투는 성적으로 서울대학교 공대에 들어갔다. 졸업 후 미국에 잠깐 유학 갔다 돌아와 결혼했다. 상대는 경기도에 있는 전문대학의 이사장 딸이었고 그녀 역시 미국서 공부하고 온 재원이었다. 이사장의 모친은 이미 고인이지만 널리 알려진 원로 수필가였다. 결혼식은 그야말로 화려하고 성대했고 세상의 온 축복이 둘에게만 모인 듯싶었다. 내가 접수대에 앉아 축의금을 정리하다 장인 명의의 봉투를 발견하였다. 장인이 사위에게 부조를 한다? W는 그때 그 대학의 교수로 있었기에 같은 직장의 윗사람 위치에서 치르는 격식이라고 했다. 모두들 신랑을 부러워한 것은 신부 K가 딸만 셋 있는 집안의 장녀란 사실이었다. 그것은 순풍을 만난 배가 날개를 단 격이었고 한마디로 그의 앞날은 탄탄대로였다. 그런데 어떤 연유인지 교직을 접고는 인천 쪽에 부동산 투자회사를 차리고 사업가로 변신했다.

그런 W가 갑자기 죽고 말았다. 예기치 못한 윤화사였는데 도무지 어이없고 믿을 수 없는 사고였다. 2010. 10월 어느 날 그는 새벽부터 외출 준비를 서둘렀다. 기업을 경영하기 위해선 때를 가리지 않고 사교 골프를 치러 나가야 했다. 그날따라 컨디션이 안 좋아 대리운전을 시켰다. 그것이 그의 운명을 가르는 결정적 원인이 되고 말았으니 인생은 정녕 한 치 앞을 내다볼 수 없는 짙은 안갯속 같은 것이 아닐까. 그럼 직접 차를 몰고 갔으면 무사했을까. 역사는 가정이 없다는데 그것은 신에게 맡겨진 영역이다. 친족을 통해 들은 사고의 전말은 온통 믿기 힘든 수수께끼 같고 불가사의한 내용이었다. 기사가 남양주의 국도를 달리다 운전 미숙으로 길가의 전봇대를 들이받았다고 했다. 약속에 늦지 않기 위해 과속을 했던 모양인데 그 힘이 강했는지 전신주가 약했는지 그것이 뿌리째 뽑혀 도로 쪽으로 넘어졌다고 한다. 차를 비껴갔으면 좋으련만 하필 차 위를 내리치고 말았다. 그곳은 얄궂게도 W가 앉은 뒷좌석의 천장이었다. 머리 위를 정면으로 강타당한 그는 현장에서 즉사하고 말았다. 그와 반대로 차를 운전한 사람은 몸에 찰과상 하나 없이 말짱한 채 살아남았다는 것이다.

소설도 영화도 어떤 픽션도 아닌 엄연한 현실에서 발생한 실제 상황이었다. 나무가 아닌 돌기둥이 땅에서 쉽게 분리됐다는 것을 납득할 수가 없고 피할 새도 없이 그냥 당했다는 것 또한 여간해 믿기 어려웠다. 전언자도 사고 현장을 직접 목격하지 않고 다른 경로를 거쳐 전해 들었기에 정확한 사고 내용을 설명하기에 한계가 있었을까. 범인凡人으로선 평생 볼 수도 이해할 수도 없는 사고 상황은 얼마든지 존재하는 것인가.

세상에 그런 죽음을 인정할 수 있을까. 한창 젊은 나이에 죽은 것이 무엇보다 안타까운 일이다. 대개는 수를 누릴 만큼 살다 가거나 오랜 병을 앓다 떠나는 경우 죽음을 맞이하고 받아들이는 과정 내지 순간이 있을 것이다. 그러나 W의 경우는 죽기 직전까지 그것을 인식 못하고 짧은 찰나의 고통과 함께 생명의 끈을 놓았을 것이 틀림없다. 그만큼 도저히 피할 수 없고 자신을 구할 수 없는 창졸간의 급박한 사고 현장이었으리라고 추측해 볼 따름이다.

있을 수도 없고 있어서도 안 되는데 기어코 하느님은 젊은 인재를 멀리 데려갔다. 그것이 못내 원망스러운 이유는 그의 가족 구성에 있다. 그는 1남 6녀의 외아들이었다. 시대에 한참 뒤떨어진 남아선호 사상이라고 비난받아도 할 수 없다. 우리의 전통적인 관념과 부모님의 입장에서 헤아려보고 싶은 것이다. 대를 이을 하나뿐인 생때같은 아들이 죽다니 그것을 눈앞의 현실로 받아들일 사람이 누가 있겠는가.

그의 아버지의 반응은 그의 죽음 이상으로 놀라웠다. 끊임없이 울다 눈물샘이 말라버린 딸들을 못 본 채 무반응으로 일관했다. 전혀 모르는 타인의 부음을 들은 듯싶었다. 6·25에 참전하여 사선을 넘나들며 무수한 죽음을 대하고 생사에 초월해서일까. 그의 반응은 세상에 존재할 수 없고 상식을 뛰어넘는 것이었다. 한국인의 정서와 전혀 동떨어진 것이었다.

표정이 전혀 바뀌지 않았고 말 한 마디 안 했고 아무 몸짓도 없었다. 무슨 소리냐고 외치다 사실을 확인한 뒤에 땅을 치고 통곡하거나 울부짖다 까무러치는 광경을 목도해야 정상이 아닌가. 엄청난 태풍이 몰아쳤는데 미풍으로 받아들이는 요지부동의 모습이었다. 마치 아들의 죽음을 예견한 선지자의 얼굴이었다. 일류대 나오고 명문가의 여성을 며느리 삼고 중소기업의 오너로 잘나가고 있다고 틈만 나면 주위에 자랑하곤 했었는데 마른하늘에 날벼락 같은 그 비보를 어찌 인정할 수 있단 말인가. 뼈를 저미는 고통과 살을 도려내는 아픔을 안으로 감추고 겉으로 드러내지 않는 것일까. 그래, 그는 피눈물을 쏟고 참담한 슬픔의 무게를 감당 못해 쓰러지려는 몸을 굳건히 참고 버티고 있는 것이다. 나는 그곳에서 초인의 인내심을 발견하였다. 딸들에게 나약한 모습을 보이지 않으려는 강인한 정신력을 지닌 분이었다.

　장례식장에 상주가 없었다. 부모님은 끝내 오시지 않았고 죽음의 뜻조차 아직 모를 초등학생인 어린 딸을 내세울 수도 없었다. 조카들이 반 상주 노릇을 하고 문상객을 맞았다. 악상이라 주위에 알리지 않았으나 알음알이로 문상 온 사람들이 줄을 이었다. 다들 어떤 말로 위로해야 좋을지 난감한 표정을 짓다 돌아서곤 했다. 친구들 한 무리가 영정 앞에 술을 한 잔씩 따르고는 고인에게 욕설을 마구 뱉고 엉엉 울어버리는 장면을 목격했다. 어이없이 돌연사한 친구에 대한 역설적인 우정의 표현이었다.

성남시의 화장장에서 한 시간 남짓 만에 그의 육중한 몸은 한 줌의 재로 변했다. 인간의 삶이 허망함을 눈앞에서 지켜봐야 하는 것은 산 자의 몫이었다. 인간은 누구나 언젠가는 죽는다는 자연의 섭리를 부정할 수 없다. 하지만 왜 부귀영화를 누리고 오래 사는 사람이 있는가 하면 가난하고 고생만 하다 죽는 사람, 이른 나이에 가진 재능을 다 펴지 못하고 세상을 떠나는 사람이 있을까. 인간에게는 정녕 거역 못할 운명이나 업보 같은 것이 존재하는 것일까. 그렇다면 우리는 어떻게 살아야 하나. 젊은 재사의 아까운 죽음은 나에게 다시 한번 삶을 진지하게 돌아보게 하는 명상의 시간을 주었다.

  W는 나의 처남이었다.

외할머니의 추억

외할머니는 키가 작고 가무잡잡하면서 예쁘장한 얼굴이었다. 젊었을 때 남정네의 시선을 꽤나 끌었을 법한 용모를 가지셨다. 그러나 흔히 말하듯 팔자가 기구했다. 법대 교수인 외할아버지와 이혼한 뒤 혼자 사셨다. 50년대에 자녀가 둘인 부부의 헤어짐이 쉽지 않았을 텐데 무슨 이유였는지 모르겠다. 외삼촌이 결혼하자 함께 사셨으나 며느리와 사이가 좋지 못했다. 교회 다니며 신앙의 힘으로 극복하려 했지만 그마저 잘 되지 않았다. 결국 딸이 있는 우리 집으로 옮겨 노후의 삶을 의탁하려고 하셨다.

외할머니는 손자인 나를 어렸을 때부터 무척 아끼고 사랑해 주셨다. 외동딸의 맏이인 나를 편애해 남들이 시샘할 정도였다. 항상 맛있는 음식을 챙겨주시고 내가 아프면 지극정성으로 수발을 드는 등 어머니 못지않은 애정을 내게 쏟으셨다. 불운한 자신의 삶에 대한 위안을 내게서 찾으려 했던 것이 아닌가 싶다. 내가 지방 소재 회사에 지원했다 떨어졌을 때 짐을 다 싸 놓은 당신이 매우 낙담하던 표정이 아직도 눈에 선하다.

사위가 지병으로 세상을 떠남에 당신의 불행은 끝이 없는 듯싶었다. 내가 결혼하고 우리 애들이 태어나자 맞벌이하는 손자 부부를 위해서 보모를 자청하셨다. 관절염이 심한 어머니를 대신해 70대 중반의 연세임에도 온갖 애를 다 쓰셨다. 88올림픽이 열리던 해의 음력 설 때였나 보다. 우리 애가 아프다는 연락을 받자마자 외할머니는 아파트의 4층 계단을 단숨에 올라오셨다. 평소 혈압이 높은 분이 손녀에 대한 걱정이 앞서 당신의 몸을 돌보지 않으신 것이었다. 우리 집 현관에서 의식을 잃고 말았고 우리는 응급처치한 뒤 구급차를 불렀다. 병원 응급실에서 의사는 뇌의 혈관이 터져 이미 가망이 없다고 고개를 가로저었다. 쓰러지시기 전날 우리들에게 가족끼리 화목하게 지내고 부모님께 효도해라, 하신 것이 그대로 유언이 되고 말았다. 그렇게 외할머니는 기나긴 신산한 삶을 접고 눈을 감으셨다.

장례를 마친 며칠 뒤 어머니 댁에 갔으나 언제나 웃으며 반겨주시던 당신이 안 보였다. 그 큰 빈 자리를 발견한 나는 거실 바닥에 주저앉아 한참 목 놓아 울었다. 아버지 돌아가실 때도 흘리지 않았던 눈물이 펑펑 쏟아져 나왔다. 당신이 베푸신 사랑의 한 조각도 보답하지 못한 자신을 탓했다. 멀지도 않은 산소에 가끔 찾아가 뵙지 않은 나의 게으름을 자책했다. 어쩌다 당신의 꿈을 꾸면 따듯한 미소와 갖은 정성을 다하는 몸짓을 보여주고 홀연 사라져버리곤 한다. 하늘나라에서는 고통 없이 내내 평안하시기를 간절히 빌었다.

산행의 무서움

 2014. 11. 16. 산악회에서 칼봉산을 갔다. 연인산 국립공원 안에 있는 그 산은 해발 900m로 이름부터가 예사롭지가 않았다. 선후배들과 담소하고 음식 나눠 들고 늦가을의 정취를 만끽하며 잘 닦아놓은 길을 따라 올라갔다. 정상에서 희희낙락 기념사진을 찍을 때까지 기쁨은 계속되었고 얼마 뒤 우리가 어떤 상황에 부닥칠지 예측한 사람은 아무도 없었다. 누군가 오던 길 도로 내려가는 법은 내 사전에 없다고 외치며 반대편 길로 나섰고 다른 일행도 군말 없이 그에 따랐다. 산악대장은 사정 있어 산행에 동행하지 않았고 함께 왔더라도 사전답사 안 했으니 결과는 마찬가지였을 것이다.
 증산리와 경산분교의 갈림길에서 후자로 빠졌는데 그만 길을 잃어버린 것이었다. 산의 유일한 안내자인 이정표도 더 이상 보이지 않았다. 좌우는 사선으로 내리뻗은 빽빽한

삼림뿐이었다. 스마트폰으로 검색했으나 숫제 위치가 잡히지 않았다. 나눠받은 등산코스 지도는 정지된 그림에 불과해 전혀 모르는 산길로 온 사람들에게 무용지물이었다. 20여 명쯤의 일행이 앞뒤로 끊겼고 전후좌우로 갔던 길을 또 가는 등 우왕좌왕했다. 지금 가고 있는 길이 엉뚱한 방향으로 빠지고 점점 깊은 산중으로 들어가 산짐승과 맞닥뜨리는 것은 아닌지 두려웠다. 낙엽은 왜 그리 많은지 모든 길을 뒤덮은 데다 몹시 미끄러웠으니 그야말로 누워 있는 장애물이었다. 다들 산에 다닌 지 오래됐지만 그런 위기에 어떻게 해야 할지 몰라 갈팡질팡했다. 날씨가 그다지 춥진 않았으나 차라리 길만 찾을 수 있다면 아무리 추워도 상관없다는 생각까지 품었다. 경험 많은 선배의 직감과 판단에 좇아 옆으로 새지 않고 능선 따라 쭉 나아갔다. 드디어 자연휴양림 500m란 안내 팻말을 만났다. 정말 부둥켜안고 싶도록 반가운 구세주였다. 저만치 희멀건 임도와 건물의 불빛이 보였다. 5시가 넘었던가 땅거미 가라앉는 산중은 사위가 벌써 어둑어둑해지고 있었다. 내려가다 넘어지지 않도록 조심조심

천천히 움직였다. 처음 나온 40대 후반 두 여성의 겁먹지 않고 침착한 행동이 인상에 남았다. 안 올라오고 남은 사람들이 우리를 부르는 소리에 비로소 살았구나 싶어 안도의 숨을 내쉬었다. 119 부르지 않고 우리 힘으로 낙오하거나 다친 사람 하나 없이 무사히 돌아왔다. 굳은 얼굴을 확 펴고 오늘을 제2의 생일로 삼자고 서로 농담을 건넸다. 농담 속에는 약 6시간의 악몽에서 벗어났다는 안도감이 배어 있었다.

사실 그 안도감을 느끼기까지 나는 수많은 생각을 했었다. 평생 찬미한 산이 때로는 공포와 조난의 현장으로 바뀔 수도 있다는 것을 깨달았다. 여럿이 함께 했으니 어떡하든 길을 찾을 것이라는 믿음과 잘못되면 조난을 당해 죽을 수도 있다는 불안에 떨었다.

짧은 필설로 그때의 절박한 상황과 심정을 표현하기에 부족함을 느낀다. 산이 높으면 골 또한 깊은 법이다. 사전 지식 없이 무모하게 덤빈 어리석은 자만을 경계해야겠다. 철저한 사전 준비의 중요성을 체험으로 깨달은 하루였다.

아울러 인간의 발과 다리는 위대했다. 오로지 머리의 뜻에 좇아 움직였을 따름이지만 그날 두 발과 두 다리는 엄청난 일을 해냈다. 당황하고 두려움에 떠는 정신과 달리 그것들은 담대한 가슴과 짝을 이루며 긴 시간 절망과 포기를 잊고 불굴의 의지를 발휘했다. 생명과 직접 연결되는 것은 심장과 머리겠지만 정작 위기 상황을 헤쳐나간 육신은 그 발과 다리다. 아무리 활로의 지혜가 있다 해도 거침없이 생존 본능에 따라 잃어버린 길을 찾아다니는 그것들이 없으면 죽은 목숨이나 다름없지 않을까. 발과 다리는 진정 산에서만은 손과 머리보다 위대한 존재이다.

  나는 그날 밤 고단한 온몸을 다독거리며 평생 최고의 단잠을 이루었다.

어떤 악연

2007년 4월 군포에서 부동산중개업을 막 시작한 무렵이었다.

버스로 출근 중인 나의 핸드폰이 요란하게 울렸다. 10년 대학 후배인 김호진(가명)이었다. 선배님께 죄송하지만 500만 원을 융통해 줄 수 없냐고 했다. 무엇에 쓰려고 하느냐는 당연한 내 물음에 그는 입원한 어머니 병원비에 필요하다고 대답했다. 그때 그의 목소리는 몹시 떨렸는데 세상 물정 모르는 나는 다급하거나 처지가 그래서겠지 정도로 대수롭잖게 생각했다. 내게 적지 않은 돈이었지만 즉석에서 승낙하고 저녁때 만나기로 했다.

무른 내 성정이 문제였다. 누구에게 신세를 지면 언제든 조금이라도 갚아야 마음이 편하고 그게 사람의 도리라는 신조로 살아 왔다. 당시 W은행 차장인 그에게 두 번 도움을 받았다. 하나는 내가 자비로 출간한 책을 여러 권 팔아 준 것이고 또 하나는 가계당좌 개설을 수월히 해 준 일이다. 요건은 되지만 가계수표 발행을 꺼리는 은행에선 여간해서 해 주지 않으려고 한다.

은행 자동화기기 앞에서 후배와 만났다. 그는 연신 몸을 옹송그리며 미안한 말과 몸짓을 보였다. 정작 만나니 100만 원을 늘려 달라고 했고 나는 한 치의 의심 없이 달랑 1주일 기한의 차용증 한 장만 받고 600만 원을 송금해 줬다. 예금 잔액은 부족했으나 나는 신용대-이것이 훗날 똑같은 금액으로 사기당하는 온상이 되었으니 참 얄궂은 운명이다-1,000만 원을 쓸 수 있어 가능했다. 다시 허리를 깊숙이 꺾은 그의 눈빛은 나를 특별한 은인 대하듯 했다.

약속한 날이 왔지만 돈은 들어오지 않았다. 마음 한구석 품었던 일말의 불안감이 현실화되었다. 앉아서 주고 서서 받는다더니 내가 그 꼴이 되었고 서로의 입장이 정반대로 바뀌었다. 며칠에 한 번씩 연락해 변제를 재촉했다. 갈수록 내가 아쉬운 사람처럼 사정하고 애걸하는 형편이 되었다. 그의 입에서는 항상 곧 갚겠다는 판에 박은 소리가 흘러나왔고 그것은 번번이 공수표로 돌아올 뿐이었다. 그러다 두 달 뒤엔가 50만 원을 내 통장으로 보내줬다. 자기를 믿고 선뜻 꿔준 선배에게 최소한의 양심과 미안한 감정이 있었던가.

 사람 심리가 누구나 그렇지 않을까. 일부라도 갚았다는 것은 나머지도 갚을 의사가 있는 것으로 착각하는 우를 범한다. 그를 저녁때 불러 밥을 사 주기까지 했다. 그때만 해도 시일이 좀 걸릴 따름이지 돈을 다 받을 것이라는 믿음을 굳게 가지고 있었다. 하지만 그는 독촉하는 나보다 더 끈질기게 꼭 갚겠다는 말을 되풀이하곤 했지만 이행치는 않았다. 차용증에 공증을 받을까 했으나 때를 놓쳤다는 생각에 주저주저했다.

 마지막까지 그에 대한 실낱같은 기대를 버리지 않고 있었다. 그의 인간성과 확실한 사회적 지위를 철석같이 믿었다. 그의 예금을 조사해 봤더니 1,000만 원쯤 있으나 예금담보대를 받았다고 했다. 승용차에 압류를 넣을까 했으나 귀찮

기도 하고 실익이 없을 것이다 싶어 미루고 있었더니 어느새 본인이 처분해 버렸다. 빚을 받아낸 경험이 없는 얼치기가 그저 벙어리 냉가슴 앓는 격이었다.

  상황을 유추해 봤다. 어머니 입원비란 구실부터가 거짓이었다. 사실대로 얘기해 봤자 빌려줄 사람 없을 테니 한국인의 정서를 빌려 그런 이유를 댔고 새빨간 거짓말을 하려니 목소리가 떨려나왔을 것이다. 절박한 처지에 자기가 아는 주위 사람들에게 일일이 전화를 걸어 도움을 청했을 것이다. 모두에게 거절당하다 내가 승낙하니 쾌재를 불렀을 것이다. 그가 밝히진 않았으나 내 지난날에 비추어보건대 주식을 하다 손해를 본 것이 틀림없었다. 가진 돈을 다 날리고 대출금에 사채까지 있는데 그중 급히 메꿔야 할 부분이 있었을 것이다.

  그는 나와 같은 아파트 단지에 살고 있었다. 동은 달랐지만 직선거리로 아주 가까웠다. 그러나 주거지의 근접성은 채권 회수에 아무 도움이 되지 못했다. 직장은 서로 멀리 떨어져 있었기에 퇴근 이후 어떻게 해보지 않고는 도리가 없었다. 어느 일요일 나는 작심하고 그의 집을 쳐들어갔다. 예견한 듯 별로 놀라지도 않고 문을 열어 준 그는 공부시키던 딸을 옆방으로 보내고 나와 마주 앉았다. 머지않아 명예퇴직할 예정인데 퇴직금이 약 2억쯤 될 것이라 선배님 돈은 문제없이 정리해준다, 지금 살고 있는 집 전세금으로 갚아줄 수도 있다. 수도 없이 그의 식언에 기만당한 내가 담보를 내놓으라고 거칠게 몰아붙였을 때 돌아온 답변이었다. 그때 그의 눈빛은 예전과 달리 흐리멍덩하고 어두웠는데 나는 미처 깨닫지 못했다.

분통 터질 일이 발생했다. 짚이는 게 있어 어느 날 낮에 그의 집에 가 봤더니 주인이 바뀌어 있었다. 며칠 전 의왕시로 이사 갔다고 알려주는 말에 온몸의 맥이 다 빠져버렸다. 그 사실을 미리 들었음에도 눈앞에서 놓쳐버린 참담한 실패의 쓴맛이란!

그렇다고 이삿날에 그와 맞닥뜨렸다고 과연 돈을 제대로 받을 수 있었을까. 직장에 전화해보니 후배는 벌써 퇴직했다고 했다. 그때는 이미 그와 연락이 두절된 상태였다. 전화를 전혀 받지 않았는지 통화정지 중이라 했던지 그것조차 세월이 오래 흐른 지금 분간이 가지 않는다. 애초 몰랐고, 없었던 인간인 것처럼 완전히 소식이 끊어져 버린 것이었다.

내게 도움을 준 만큼 착하고 성실한 직장인으로 후배를 인식해 왔다. 하지만 이제 나와의 관계에서는 그는 철저한 거짓말쟁이에 비겁하고 더러운 인간이었다. 돈을 당장 갚기 어려우면 나와 대면해 솔직히 자신의 현 상황을 밝히고 내 이해를 구했어야 할 게 아닌가. 반드시 갚겠다고 끊임없이 선배를 속이다 도망가 버리고 말다니 얼마나 가증스러운가.

나는 엄청난 배신감에 치를 떨었다. 겨우 종이 한 장 받고 마이너스 통장으로 돈을 빌려줬는데 내 순수한 호의와 도움을 그렇게 무자비하게 짓밟을 수가 있단 말인가!

그의 행동은 조금이라도 배운 사람으로서 할 짓이 아니었다. 문득 걷잡을 수 없는 분노에 휩싸여 잠 못 이루는 날이 많아졌다. 그것에 온통 정신을 쏟고 있자니 부동산 일에 소홀하게 되고 동업자는 짜증을 내곤 했다. 돈보다 인간에의 믿음을 저버린 그의 악행을 향해 마냥 욕을 퍼부었다.

나는 분연히 떨치고 일어났다. 고심을 거듭한 끝에 발걸음한 곳은 관할 경찰서였다. 그를 사기죄로 고소장을 접수했다. 처음부터 변제할 의사가 없음에도 나를 기망해 돈을 편취했다고 진술했다. 스스로 생각하기에도 억지 같았고 접수받는 경찰관 역시 납득하기 어렵다고 고개를 갸우뚱거렸다. 어쨌든 고소장을 제출한 나는 돈을 받은 것처럼 가슴이 후련했다. 내가 겪은 불행을 너도 맛 좀 보라는 복수의 심보였다. 집에서 알면 안 되기에 내 주소를 여동생 집 주소로 바꿔서 적었다. 그래서인지 그 후 경찰서 등으로부터 아무 통보도 받지 못했다.

며칠이 지났다. 마음을 돌려 먹기로 했다. 나와 그는 전생에 반대의 입장에 있었던 것은 아니었을까. 내가 그에게 고통을 줬기에 현생에 와서 그 대가를 치르는 것일까. 그러나 그것은 모든 것을 체념한 상태에서 작은 위로가 될 뿐 그 이상 아무것도 아니었다.

그로부터 2, 3년쯤 시간이 흘렀을 때 나는 마지막 의식을 치렀다. 휴지조각이나 다름없게 된 차용증을 북북 찢어 쓰레기통에 던졌다. 그리고 모든 것을 잊기로 했다. 내게는 다른 할 일이 많았다. 아직 창창한 앞날에 그따위가 장애가 될 수는 없었다.

추억과 앨범

　다사다난했던 한 해가 어느덧 저물어가고 있다. 묵직하던 벽걸이 달력이 마지막 잎새처럼 달랑 한 장만 남고 말았다. 연말이 되면 송년회나 산악회 납회 등 각종 모임으로 공연히 바쁘다. 잦은 음주와 고된 직장 일로 심신이 무척 피곤한 시기다.

　외출할 일이 없는 일요일이어서 모처럼 새해를 맞이하기 전에 주변을 정리해야겠다는 결심을 했다. 차일피일 미루어 온 게 벌써 몇 해째인가. 정리의 시작은 아무래도 책상이 될 수밖에 없었다. 아들이 내 방에 들어설 때마다 잔소리하는 것이 하나 있다. 아빠 책상 위에는 잡동사니가 너무 많이 널려 있다는 것이다. 쓰다 만 이면지, 신문 스크랩, 여러 개의 수첩과 안 쓴 노트 등등이다. 어디서 들었는지 나를 빛나게 해 주는 물건 아니면 모두 버리라는 충고까지 던지고 휑 나가버린다. 나는 정말 하찮은 것도 쉬 버리지 못하는 습성이 있다. 군대 있을 때 형성된 것인데 아직까지 고치지 않고 있다.

책상 오른편의 책장 맨 위에 앨범이 네 개쯤 포개져 있다. 높이 쌓인 눈에 짓눌린 지붕처럼 휘어진 받침대가 좀 위태해 보인다. 하나씩 꺼내 옛 추억을 더듬듯 펼쳐본다. 그러자 우수마발처럼 엄청나게 많은 사진이 갈피마다 쏟아져 나온다. 나는 주변 정리는 까맣게 잊고 앨범의 세계 속으로 빨려 들어간다.

크고 작은 사진들, 흑백사진도 간혹 있고 한 장소에서 여러 장 찍은 사진들도 꽤 있었다. 대부분 내가 들어간 것이지만 뒤에 연도 표시가 없는 것들은 언제 어디서 찍었을까 고개가 갸우뚱거려진다. 옆에 서 있는 사람이 누군지 전혀 기억 안 나는 사진도 어쩌다 나타났다. 정지된 화면 속에 나온 나를 비롯한 많은 사람들이 밝은 표정과 몸짓으로 찍은 사진들이 보였다. 요즘 똑똑한 기계문명 덕에 디카나 스마트폰으로 실시간 찍어 전송하고 바로 볼 수 있어 좋기는 하다.

그러나 시간이 흐른 뒤에 보는 앨범 속의 사진만큼 어떤 특별한 느낌과 감동, 살가운 정감을 주지는 못할 것이다.

어렸을 적에 찍은 사진들이 가장 먼저 눈에 들어온다. 천성이 내성적이고 숫기 없는 나는 카메라와 친하지 못했다. 동생들과 찍은 사진을 보면 혼자 눈을 내리깔고 촌닭처럼 앉아 있다.

학창 시절의 사진은 수학여행 갔을 때나 졸업식 때 찍은 사진들이다. 공부를 잘해야 훌륭한 사람이 된다는 선생님과 부모님의 판에 박은 주문에 좇아 단발과 책가방과 교복에 억눌렸던 시절이었다. 잠시 만끽한 해방의 공간에서나 학업을 마친 뒤의 모습은 득의의 미소와 기쁨에 차 있었다.

교회(기독교는 아닌) 수련회에 갔을 때 찍은 사진도 있다. 성년이 되면서 성격이 좀 활발해졌을까, 음치 왕이 춤으로 버무린 유행가를 불러 인기를 끌었고 그 덕에 교회의 학생회장으로 뽑혔던 기억이 난다.

앨범의 압권은 누가 뭐라고 해도 결혼식 사진일 것이다. 반쪽의 남녀 둘이 만나 새로운 인생의 첫걸음을 떼는 순간이 담겨 있다. 하지만 퇴색한 사진처럼 그때의 황홀함과 희열도 낡아버린 모양이다. 그때의 흔적을 도무지 찾을 수가 없었다. 결혼식 전에 찍은 약혼식 사진을 보노라니 세월이 참 원망스럽다는 생각마저 들었다. 대신 가족이 늘었고 앨범도 그만큼 두꺼워졌으니 그나마 다행일까.

그다음으로 앨범에 많이 꽂힌 사진은 산에서 찍은 것들이다. 그중 한라산의 7시간 산행이 뚜렷이 기억난다. 사진은 없지만 남녀 일행 여럿이 콘도에 혼숙(?)하곤 잠잘 시간에 농담하며 자지러지게 웃었던 에피소드가 떠올랐다. 산 위에 올라 호연지기를 뽐내고 건강을 확인하는 소중한 장면들이 펼쳐졌다. 처음 산에 올랐을 때의 숨찼던 고통을 참고 꾸준히 다니다 보니 이젠 산행이 익숙해졌다. 굳이 정상을 고집하지 않고 높은 산을 찾지도 않는다.

마음 맞는 친구들과 여행 가서 찍은 사진들은 작은 앨범에 담겨 있다. 사진 속 친구들의 표정은 오랜만에 맞은 휴식을 만끽하고 있다. 말은 못해도 각자 고달픈 삶을 벗어던진 홀가분함이 그대로 드러나 있다.

그 외에도 생일잔치, 장례식 등 집안 대소사 때 찍은 사진들이 적잖이 눈에 띈다. 모두가 언제 무슨 일이 있었고 내가 누구를 만나고 그때의 심정이 어떠했나를 한눈에 살펴보는 삶의 귀중한 자료들이다.

사진만큼 진실한 것이 또 있을까! 앨범의 갈피 속에서 지난날을 회상해본 내가 얻은 깨달음이다. 말은 물론 글도 거짓과 위선으로 쓸 수가 있다. 어떤 목적과 이해타산을 깔고 남을 속이곤 한다. 하지만 있는 그대로 그 순간의 모습을 담은 사진은 결코 그런 요소가 스밀 여지가 없다. 줄곧 거짓된 언행을 일삼다 카메라 앞에 설 때 갑자기 참된 사람의 가면을 쓸 수는 없으니까.

또한 앨범은 꾸밈없는 나의 자서전이라 하겠다. 글로 읽는 것이 아닌 눈으로 보는 내 인생의 기록이다. 말과 글처럼 질서와 체계를 갖추지 않았지만 한 장 한 장마다 순간의 진실이 담겨 있다. 양념을 바르지 않은 날것 그대로의 싱싱한 생선이라고나 할까. 누군가의 삶의 진실을 엿보고 싶다면 그의 사진첩을 보여 달라고 하면 어떨까.

인간은 추억을 먹고 사는 동물이라지만 앨범은 분명 추억 이상의 의미를 지니고 있다. 과거의 나를 돌아보고 지금의 나를 반성하고 개선시키는 데에 도움이 된다. 그땐 너무 순진했어, 패기 대신 혈기만 넘쳤지, 좀 더 악착같이 영악스럽게 살 걸, 남보다 생존경쟁에 뒤진 약한 모습이었어, 등을 반추해보고 나를 더욱 강한 인간으로 채찍질하는 것이다.

앨범을 들여다보면 지난날 그리움이 새록새록 가슴에 스며든다. 혼자 타임머신을 타고 그 시절로 돌아가 남모를 감상과 흥취에 젖는다. 극히 짧은 한순간이지만 앨범에는 주인을 젊게 해 주는 마력이 있다. 바쁜 현대인은 오로지 앞만 보고 질주한다. 도로에서 차를 몰 때 전방은 물론 좌우와 후방을 살펴보면서 일상에서는 곁눈질도 하지 않고 쉼 없이 앞으로만 치닫는다. 앨범 속에 길이 있다. 지난날을 찬찬히 더듬어보고 나아갈 길을 가다듬는다. 모름지기 앨범을 가끔 펼쳐보는 습관을 지녀야겠다.

앨범을 살펴보면서 한 가지 아쉬운 점이 있다. 대부분 밝은 장면만 담았다는 것이다. 인생행로에는 맑은 날이 있는가 하면 흐린 날이 있을 때도 있다. 왜 힘들고 어려울 때, 슬프고 절망할 때의 사진이 숫제 없을까. 군대 시절이나 병원에 입원했을 때, 내가 실수와 잘못을 범했을 때의 사진이 거의 보이지 않는다. 한시바삐 괴로움을 벗어나려는 바람뿐 삶의 한 조각으로 간직하려는 생각을 못한 것이 못내 후회스럽다. 다른 고난에 빠졌을 때 그런 사진을 보면 삶의 의욕과 재기를 꿈꾸는 노력을 하지 않을까.

　앨범, 그것은 살아 있는 자서전이요, 삶의 소중한 거울이다.
　앨범은 살아 있을 때는 삶의 진면목을 보여주는 소품이요, 죽어서는 고인을 잘 말해주는 훌륭한 유품이다.

존재감의 과시

 "딩동, 딩동." 스마트폰에서 카톡 소리가 요란하다. 혹시나 하고 열어보니 또 그 친구다. 많을 때는 하루에 10건도 보내는 고교 동문이다.
 금언절구, 야한 동영상, 덕담, 모임에서 찍은 사진, 동창회 소식 등 내용이 다양하다. 대부분 인터넷 블로그에서 퍼 온 좋은 글들이다. 자기가 직접 창작한 글이나 영상은 아니지만 그렇게 끊임없이 찾아내 보내는 일은 정성과 열의 없이는 안 되는 일이다. 시도 때도 없이 마구 날려 바쁜 때 놀라게 한다고 짜증 내는 친구도 있지만 대개는 환영하는 모양새라 댓글이 쏟아져 나오고 분위기를 띄운다.
 그는 30여 년 고등학교 교사로 지내다 얼마 전 퇴직했다. 재직 중에는 나름대로 존경과 인정을 받는 삶을 살아왔다. 정년보다 일찍 교직을 그만둔 그에게 찾아온 것은 무엇이었을까. 모르긴 몰라도 허전함, 상실감, 외로움 같은 것이 아니었을까. 힘들게 사람들과 부대끼면서도 학생들을 가르치는 보람 하나로 견뎠을 것이다. 하지만 퇴직하고부터는 상황은 바뀌어 꾸준히 만나는 사람들과도 서서히 멀어졌을 것이다.

그래서인지는 몰라도 카톡을 매일 열심히 보내고 또 보낸다. 받을 사람이 그것을 보거나 싫어하거나 상관하지 않는다. 나는 아직 살아 있다고, 기죽지 않고 이렇게 살고 있다고 건재함을 뽐낸다. 스마트폰의 사이버 공간이 그에게 안성맞춤의 도구가 되었다. 이른바 존재감의 과시다. 과시라 하면 표현이 좀 지나친 걸까. 그렇다고 존재감의 발현이나 노출이라 하면 의미가 약하고 어색하다. 실제로 과시하는 사람이 꽤 있고 이미 사회적 통용어로 굳은 말이니 그렇게 부르는 게 나을 성싶다.

사람들은 여러 가지 방식으로 자기 존재감을 과시한다. 노래를 부르는 것, 술을 마시는 것, 만담을 잘하는 것, 대중 앞에 마이크 잡고 한마디 하는 것, 붐비는 지하철 안에서 큰소리로 통화하는 것, 화려한 옷차림과 장신구를 뽐내고 다니는 것, 골프니 축구니 스포츠를 즐기는 것, 친구와 식사한 뒤 식대 계산을 도맡는 것 등 이루 헤아릴 수가 없다. 직장을 떠나 주변 환경이 변해버린 사람은 물론 평범히 생활하는 사람들에게도 존재감의 과시는 다양한 색채의 옷을 입고 나타나는 것이다.

오래전 은행에 다닐 때의 일이다. 거래하는 고객 중 나이 지긋한 백발의 노인이 있었다. 예금도 좀 있고 점잖고 교양 있게 행동하는 노신사였다. 어느 날 그가 내게 사진을 한 장 보여주며 신분을 과시했다. 매스컴에 자주 나오는 정부의 고위층과 함께 찍은 사진이었다. 세상 물정에 어두운 나는 나중에야 짜깁기한 가짜인 줄 알았지 당시엔 깜박 속고 말았다. 개인적으로 돈을 꿔 달라기에 얼마를 융통해 줬더니 차일피일 미루고 갚지를 않았다. 연락을 끊지는 않은 그에게 신용대출을 해 줘 간신히 회수하고는 가슴을 쓸어내렸다. 별로 내세울 게 없는 사람이 그렇게 유명인사와의 친분을 가장해 자신의 위상을 높이고 남에게서 존경과 부러운 시선을 모으려고 했다.

요즘 내 일터에 한 기인이 나타났다. 휠체어에 앉은 노인

네가 흰 머리를 뒤로 묶고 다니는데 목소리 듣기 전에는 꼭 여자인 줄 알았다. 병을 앓아 겉늙었을 뿐 나이도 나와 동년배인 60대 초반이었다. 반신불수의 환자가 대낮에 술을 마시고 담배도 피운다. 그는 틈틈이 자기 신상에 대해 많은 것을 밝혔다. 정실의 자식이 아니고 절에도 있어 봤고 청와대 경호실에 경찰로 근무한 적이 있다고 했다. 독학으로 모 대학 한의학과를 졸업하고 한의사 진료 중에 독초를 실험하다 간이 완전히 망가져 거금을 주고 이식받았다는 것이다. 겨울에도 내복을 입지 않는다고 우쭐대고, 여학생을 괴롭히는 노숙자를 혼내줬다고 의협심을 자랑하기도 했다. 주위에 아픈 사람이 있으면 진맥을 하고 치료를 해 준다. 참 기구하고 별난 인생도 있구나 정도로 여겼는데 누가 그의 언행이 석연찮다고 지적했다. 이리저리 알아보니 대학 졸업은 거짓이었고 곰곰이 따져보니 눈에 보이는 앉음뱅이 말고는 도무지 믿을 게 없었다. 하지만 그의 거짓 행적으로 우리가 피해 본 것은 없어 예전처럼 내색하지 않고 대한다. 그는 이제 시장과 가끔 독대하는 사람으로 자신의 존재감을 높이고 오늘도 거리를 바쁘게 누비고 다닌다.

나는 바둑으로 존재감을 드높인다. 연륜보다 매우 약한 기력임에도 시간 날 때마다 그것을 즐긴다. 아니 푹 빠져버렸다는 말이 정확하다. 일상에서 그것에 할애하는 비중이 커 가족들이 싫어하고 침식을 잊을 때도 있지만 나는 아랑곳하지 않는다. 바둑이 안기는 재미를 다른 데서 구하기 힘들기 때문이다. 그것으로 인해 손해보고 잃는 것이 있지만 바둑이 인생에 없다는 것은 상상조차 할 수 없다. 상대방에게서 내가 전보다 잘 두고 늘었다는 말을 들으면 내 존재감은 커지고 삶의 보람까지 느낀다.

또 하나는 글 쓰는 일이다. 그냥 책을 읽고 즐기는 일로 만족하지 않고 끄적끄적 글을 써 보곤 한다. 딱딱한 문체에 남의 흥미를 끌지 못하는 수필을 꾸준히 써 왔다. 구기 운동이나 다른 특기가 없는 내게 그것은 삶의 위안이 되고 버팀이 되어 준다. 글 쓴 것을 모아 한 권의 책으로 묶어 주위 사람들에게 나눠 줬을 때는 인생의 희열과 보람을 느꼈다. 내가 살아온 흔적을 남긴 것 같아 가슴이 뿌듯했다.

급격한 산업화로 문화보다는 문명이, 정신보다는 물질이 우위인 세상이 되었다. 일등만 조명 받는 경쟁사회에서 다수의 개인은 초라해지고 자아는 함몰되고 말았다. 존재감의 과시는 어쩌면 현대인의 자연스러운 증상인지도 모르겠다.

 한 분야에서 성공한 사람이 아니더라도 다른 방식으로 자기 존재를 드러내고 싶은 욕망은 누구나 품고 있을 것이다. 문제는 존재감의 과시가 지나쳐 자신의 강한 우월감이 남의 자존심을 해치거나 사회 상식을 저버리고 공공질서에 해를 끼치는 일이다.

 적당한 존재감의 과시는 진정 삶의 존재 의미를 일깨우는 것이다. 서로 건전한 존재감을 과시하고 인정해 줄 때 우리 사회는 보다 성숙한 모습을 보일 것이라고 믿는다.

3부

냉혹한 세상 경험

- 부도어음 회수하기
- 부동산중개업 영업정지
- 경조사 세태 유감
- 금주禁酒의 변辯
- 결혼은 이제 선택과목인가
- 퇴직금 공중분해

부도어음 회수하기

    1997년이나 그다음 해였던가. 어느 날 몸담고 있는 은행의 지점장에게 불려가 호된 질책을 당했다. 나는 그때 수신과 겸해 환 업무를 담당한 책임자(과장)로 있었다. 추심한 약속어음 하나가 부도를 당해 되돌아온 것이었다. 부도 사유가 잔고 부족이었으면 우리 잘못이 아니기에 아무 상관이 없었다. 그 부도어음에는 기일 경과라 쓰인 부도대전이 보란 듯이 붙어 있었다. 상대 은행은 부산에 있었고 어음 도착이 만기일로부터 3일이 지났다고 가차 없이 부도를 낸 것이었다. 영업일 기준 다음 2영업일까지는 허용되는데 하루 지난 것을 부도낸 것이었다. 부도 사유가 형식 불비일 경우에는 사고신고담보금을 은행에 예치하지 않아도 되었다.

    IMF로 온 나라가 힘겨워하던 시절이었다. 어음 금액이 1,000만 원 이상이었던 것 같은데 발행자에게 제날짜에 결제할 자금이 없었다고 들었다. 어음이 늦게 온 것을 연락받고 이게 웬 떡이냐 싶었을 것이다. 양심 있고 자금이 여유 있으면 결제해 줄 수도 있지만 그는 당시 형편이 꽤 어려웠던 모양이다.

  기일이 가까운 어음들은 횡선방과 은행 직인을 찍어 추심을 의뢰한다. 여행원이 수십 장 올린 것을 주의 깊게 살피지 않고 처리했다. 상대 지역이 부산처럼 원격지일 경우 속달등기로 했으면 제날짜에 들어갔을 것이다. 지금까지 이상 없었으니 이번에도 그러겠지 하는 안일한 생각으로 일한 것이 화근이었다. 저쪽이 입금 않고 버티면 우리 쪽이, 아니 담당자인 내가 그 돈을 물어내야 할 판이었다. 문제 해결은 어음을 재발행받는 수밖에 없었다. 하지만 상대 은행은 그에 협조해 주지 않고 발행인의 연락처만 알려주었다. 우리는 얼른 결제하라고 재촉했지만 그는 차일피일 미루기만 했다.

  고심 끝에 지점에선 내게 특명을 내렸다. 현지에 직접 찾아가 돈을 받아오라는 것이었다. 발행인의 회사는 김해에 있었다. 어느 토요일 나는 혼자 비행기를 탔다. 공가가 아니었고 교통비도 전혀 지급해 주지 않았다. 그만큼 모두가 숨

죽이고 사는 암울한 시절이었다. 죄인의 심정으로 김포공항에 나갔다. 주말임에도 예약은커녕 현장에서 바로 표를 사서 들어갈 수 있었고 승객이 드문드문 눈에 띌 뿐이었다. 김해공항에 내렸고 지리를 모르니 택시를 잡을 수밖에 없었다. 턱없이 비싼 요금을 바가지 쓰고 목적지에 내렸다. 어떤 말로 어떤 수단을 써야 돈을 제대로 받을 수 있을까 그 궁리에만 사로잡힌 내게 택시비 에누리 따윈 안중에 없었다. 물어물어 찾아가 발행인 당사자를 만났다. 처음 태도가 공순하고 비굴한 것과는 달리 돈 문제에 이르자 완강해진 그는 시종 둔사로 일관했다. 전화 독촉 때의 반응과 하등 다를 바가 없었다. 세상에 빚진 돈을 말로써 받아내는 것만큼 어려운 것이 또 있을까. 빨리 안 갚으면 곤란하다는 상식적인 으름장을 넣고 돌아서는 수밖에 없었다. 멀리서 와 소득 없이 돌아가는 나에게 제 딴에는 미안했던가 싶다. 차비 조로 다급하게 주머니에서 잡히는 대로 내게 건넸는데 뒤에 세어 보니 9만 원이었다. 어쨌든 아니 감만 못한 출장이었다.

훗날 기어코 받아내긴 했다. 해결사는 내가 아닌 당좌 책임자였다. 그쪽이 고향인 그는 아무래도 통하는 데가 있었나 보다. 상대 은행 당좌계 여직원에게 무슨 말로 꼬드겼는지 발행인의 당좌계좌 번호를 알아냈다. 그러고는 법적 수속을 밟아 그 계좌를 지급 정지시켜 버렸다. 예금이 많이 있어도 다른 어음을 결제하지 못하게 된 발행인은 결국 우리에게 백기를 들었다. 몇 달이란 시일은 걸렸지만 일이 잘 끝나자 가슴이 후련했다. 그 대신 마무리까지의 모든 부대비용은 우리 담당자 몫이었다. 작은 부주의에 따른 대가를 톡톡히 치른 소중한 경험이었다.

부동산중개업 영업정지

 여느 때처럼 출근해 청소를 하는 중이었다. 아침 일찍 전화벨이 울렸다. 상대방은 부동산 사무실과 내 이름을 확인했다. 사무적인 말투지만 조용하고 점잖은 목소리의 남자였다. 노량진경찰서인데 ○○○로부터 고소가 들어왔으니 조사를 위해 나와 달라고 요구했다. 가슴이 철렁 내려앉았다. 동업자에게 바로 전화했으나 핸드폰과 집 전화 둘 다 받지 않았다.
 얼마 전 상가 임대차 계약을 한 건 중개한 일이 있었다. 산 이름을 딴 생고기집이었고 사장이 여자였다. 그때 권리금 주고받는 계약을 함께했는데 사건은 거기서 터진 것이었다. 내 사무실의 방침은 법에 없는 권리금 받아주기가 굉장히 어려운 것임을 강조하고 전 임차인에게 구전으로 권리금의 10%를 받는 것이었다. 너무 많다고 미리 에누리하는 사람이 있고 계약 성사를 위해 가만있다가 잔금 치를 때 옥신각신 다투는 경우도 있다. 그래서 권리금계약서를 꼭 따로 작성하고 중개수수료와는 별도로 앞당겨 받기 위해 갖은 애를 쓴다. 영업은 주로 수단 좋은 동업자가 하기에 그 날도 약속을 확실하게 받았다는 말만 철석같이 믿었다.

  인생의 복마전에 뛰어들어 악착같고 야멸찬 인간이 되자는 생각만 앞섰다. 일을 그르치면 초래될 불상사에 대해선 상상조차 하지 않았다. 계약금으로 받은 돈을 약속대로 수고비로 받겠다며 우리 쪽으로 떼어놓았다. 권리금이 2,000만 원이었으니 그 돈이 200만 원이었다. 여자는 펄펄 뛰며 절반만 주겠다고 했고 우리는 수차례 그것을 거부했다. 며칠 뒤에 서로 타협하고 금액을 절충했어야 했는데 돈에 잠깐 눈이 멀었나 보다. 여자라고 얕보고 계속 뻗댄 것이 결국 엄청난 재난을 불러일으켰다. 그 여자는 구청에 민원 내고 경찰서에 고소장을 접수시키는 초강수를 두었다. 양쪽 직원들이 식당 찾아오는 단골들이라 그 행위는 자연스럽게 이뤄졌을 것이다.

경찰서로 가는 동안 불안감이 해일처럼 몰려왔다. 신상에 큰 위험이 닥치는 것은 아닌가 두려웠다. 세상 누구보다 선량하게 살아와 그런 데에 갈 일은 평생 없을 것이라고 믿어 왔는데 이 무슨 꼴인가. 명색이 법대 나온 사람이 법을 어겨 입건되다니 얼마나 창피한 일인가. 정 경위라는 조사관과 마주앉았다. 그는 내게 성명, 나이, 주소, 학력 등의 인적사항을 묻고 200만 원을 강제로 뺏은 사실이 있냐고 물었다. 권리금 받아준 대가였다고 대답했으나 당사자 의사에 반해 가져간 것은 부정할 수 없었다. 나는 그가 묻고 내가 진술한 내용을 컴퓨터로 뽑은 조서에 무인을 찍었다.

　동업자와 얼굴을 맞대고 상의했으나 사태를 수습할 길은 보이지 않았다. 하늘이 무너져도 솟아날 구멍은 있다지만 우리는 어떻게 해야 좋을지 막막했다. 일단 상대방에게 100만 원을 돌려줬다. 그것만으로 미흡해 함께 구청에 찾아가 담당 공무원에게 사정했다. 결재 올렸으니 기다려 보라는 냉정한 답변만 돌아왔다. 또 공인중개사협회의 지부를 찾아가 20만 원을 주고 해결을 부탁했다. 물에 빠진 사람 지푸라

기라도 잡는다는 속담 그대로였다. 하지만 그곳의 능력 밖의 문제였고 돈도 돌려받지 못했다.

어느 날 동작구청 지적과가 발신자인 우편물이 날아왔다. 떨리는 손으로 겉봉을 뜯고 내지를 꺼냈다. 부동산중개수수료 초과 수령이란 위법행위로 영업정지 6개월의 행정처분을 내린다는 것이었다. 하늘이 노랬고 눈앞이 캄캄했다. 마치 의사를 통해 시한부 삶을 선고받은 심정이었다. 1개월도 아닌 6개월이라니 구청의 처사가 너무 가혹하다고 생각했다. 그러나 어찌해 볼 수 없는 무력감에 온몸이 무너져 내렸다.

영업정지를 당하면 사무실 셔터를 내리고 그에 대한 안내문을 부착해야 한다. 반년이나 손을 개고 있으면 그냥 굶어 죽으란 말인가. 우리는 다음 날 약속한 듯 문을 열었고 아무 일 없는 것처럼 영업을 계속했다. 잘나가던 직장을 강제 퇴직당하고 어렵게 다시 잡은 생업인데 여기서 멈출 수 없다는 절박한 몸짓이었다. 의뢰인이 계약을 한다고 하면 방법이 있었다. 인근 장인의 부동산 업소로 이끄는 것이었다. 구청에서 따로 감시나 단속을 나오지 않는 것이 천만다행이었다. 경찰서에서 좋은 소식을 전했다. 당사자 합의에 따라 고소 건을 기소유예로 종결시켰다는 것이다.

 그런 억지 영업이 잘될 리 없어 소소한 계약만 가끔 중개했고 집에 가져가는 소득은 예전에 비해 훨씬 줄어들었다. 수입이 좋을 때는 끈끈했던 동업자와의 유대관계가 유리에 금이 가듯 벌어지기 시작했다. 자기 뜻에 맞춰 저지른 행위이고 둘 다 잘못한 일임에도 동업자는 전적으로 내 잘못인 양 주위에 나를 헐뜯고 다니는 것을 눈치챘다. 어느 때는 그가 그 여자보다 너무한다고까지 느껴졌다. 여자는 자구책으로 한 일이지만 그는 자기 욕심만 차리려고 했다. 그가 다른 중개수수료를 중간에 빼돌리는 등 이런저런 사유로 결국 우리 둘은 갈라서고 말았다.

 영업활동 측면에서 실상 경험이 적은 내가 그보다 못한 것은 사실이다. 대신 다른 면에서 나름대로 애써왔다고 생각한다. 한 번은 이런 일이 있었다. 우리한테 가게 물건을 보고 간 의뢰인이 다른 부동산 가서 계약해 버린 것이다. 불문율

같은 규칙으로 먼저 소개했던 업소에서 흥정하고 결정을 해야 했다. 가격 조정이 안 됐을 경우 의뢰인으로서 선택의 폭이 좁아지는 점은 있다. 어느 날 그가 해당 물건지에 떡하니 연탄숯불구이 음식점을 개업했다. 동업자가 고생한 게 너무 아까워 나는 한걸음에 달려갔다. 스스로도 놀랄 쌍욕이 내 입에서 고함으로 튀어나왔다. 놀라고 기가 질린 그는 아무 말 못했고 처까지 나서서 변명하고 사정하고 나를 달랬다. 임대인과 그쪽 부동산업자가 나서 타협을 구했으나 우리 기대치에 한참 못 미쳤다. 내용증명을 두어 번 보내도 답이 없자 우리는 최후 수단을 실행했다. 용역비 청구의 소송을 법원에 낸 것이다. 뒤에서 욕하다 말겠지 설마 그렇게까지 나올 줄 몰랐던 상대방은 그때서야 다급히 달려와 우리 요구를 상당 부분 받아들였다.

결정적인 도화선은 도저히 납득 못할 그의 발설이었다. 임대인에게 무슨 자랑이라고 영업정지 사실을 알린 것이었다. 임대인으로선 속으로 무척 바라던 바로 임대차 기간을 연장해 주지 않겠다고 단언했다. 말로는 자기가 사무실로 쓴다고 했지만 실은 다음 임차인에게 세를 올려 받으려는 속셈이었던 것이다. 우리가 반발하자 200만 원의 미끼를 던졌고 더 이상 동업의 의욕을 상실한 우리는 그것을 덥석 받고 말았다. 자중지란을 일으킨 우리 틈을 교묘히 파고든 임대인-여자로 지금도 이름과 전화번호를 기억하고 있다-은 우리를 내보낸 뒤 역시 부동산 사무실로 임대했는데 보증금과 월세를 엄청 올렸다고 들었다. 지금 생각해보니 동업자는 딸이 부동산 자격증을 따 부녀가 같이 하려고 의도적으로 한 일이 아닌가 싶다. 2년 만에 문을 닫고 각자도생으로 돌아섰을 때의 지독한 쓸쓸함이란….

누구나 다 아는 상식이지만 부동산 영업은 남과 동업할 게 아니다. 친구, 지인, 친인척 어느 경우든 좋게 끝나는 경우가 극히 드물다. 돈 앞에 착한 사람 없다는 것은 현대 자본주의 시대의 절대 진리다. 차라리 남을 고용하거나 그 반대인 형태의 동업이 낫다. 또 부부나 부자간 등 가까운 피붙이끼리 일할 것을 권한다.

영업정지 기간에 나는 주식(그것도 옵션)에 접근했다. 집

안의 가장 노릇을 제대로 하겠다는 뜻은 좋았으나 방법이 문제였다. 친구 따라 맡긴 돈이 처음엔 수익이 괜찮았으나 9.11테러 등 여러 외부 사건의 직격탄을 맞고 반 토막이 나 버렸다. 다시 투자했으나 피해만 키웠을 따름이었다. 그 돈의 대부분은 은행 퇴직금이었는데 그 돈의 증발과 함께 내 삶은 서서히 조각나고 균열되기 시작했다. 그 후유증은 단기간에 끝나지 않을 만큼 엄청난 것이었다. 2001년의 일이었다.

경조사 세태 유감

　벌써 오래전 일이다. 직장에서 퇴근해 귀가했더니 아내가 우편물 하나를 건넸다. 청첩장이었는데 발신자 성명이 영 낯설었다. 혹 실수할까 봐 그에게 전화를 걸었다. 동창회의 산악회 선배로 그냥 보내 봤다는 어이없는 대답을 들었다. 얼굴도 모르고 말 한 번 섞은 적 없는 동문에게 동창인 명부를 빌려 무작위 발송했다는 얘기다. 밑져야 본전이고 아님 말고식 청첩장 뿌리기였다.
　친분 없는 친구에게 전화로 주소를 묻고 받은 것을 확인하고 상품을 강매하듯 참석을 요구하는 사람도 있다. 물론 안 가면 그만이지만 심적 부담을 안고 지내는 일상이 유쾌할 리 없다. 청첩장을 등기 우송하는 사람까지 봤다는 말을 들었다. 자기 경조사만 있을 때만 모임에 나왔다 끝나면 홀연 자취를 감추는 먹튀꾼의 실화는 이제 고전에 속한다. 사정이 있어 참석 못한 결혼식을 약속하고 왜 안 왔냐고 남을 시켜서 전화로 따지는 사람도 있었다. 요즘은 한 가지로 모자라 문자 메시지와 개인 카톡까지 보탠다. 그야말로 돈에 환장한 호들갑이 아닐 수 없다.

경조사는 우리 인간관계에서 빼놓을 수 없는 중요한 부분이다. 기쁠 때 함께 기뻐하고 슬플 때 함께 슬퍼해 주는 일은 인지상정이요 인간의 기본도리이기에 그 자체를 탓할 수는 없다. 문제는 그 풍조가 지나치게 도를 넘고 상식에 어긋나는 형태로 변질되어 있다는 점이다. 예전 농촌의 품앗이처럼 자연스럽고 정이 넘치며 굳이 물질을 따지지 않는 모습을 떠올린다면 나만의 어리석고 케케묵은 생각일까?

청첩장이 청구서와 고지서 또는 차용증의 뜻으로 굳어버린 지 오래되었다. 투자와 거래의 개념으로 해석한들 아무 잘못이 없으리라. 우스개처럼 주위 애경사에 부지런히 다니며 씨를 뿌리고 자신의 애경사 때 수확한다고 말한다. 우정과 친분은 뒷전이고 주판알 튕기는 이해타산만이 앞선다. 주변에 알리는 일에 있어 애사 시에는 그래도 겸양에 소극적인 데 반해 경사 시에는 무분별하고 무척 적극적이다.

현대인은 모두 자본주의의 속성인 배금주의의 추한 단면을 거리낌 없이 드러낸다. 적나라하게 풀이한다면 사람들은 경조사를 목돈 한 밑천 잡는 절호의 돈벌이 기회나 수단으로 인식하는 것은 아닐까? 마치 이자 내고 원금 갚는 것은 나중 문제고 일단 큰돈부터 얻어 쓰고 보자는 심보와 다름없다.

그들에게 저마다 치부책이 있을 것이다. 부조의 횟수와 그 금액, 참석 여부 등을 꼼꼼히 적는다. 전근, 이사, 퇴직 등에서 비롯되는 인간관계의 변화, 그리고 긴 시차에 따른 화폐 가치의 변동, 그리고 애경사 대상의 수 등 저마다 입장과 상황이 달라 대차대조표는 결코 일치하는 법이 없다. 하지만 나만은 절대 손해보지 않는 쪽에 서려고 안간힘을 쓴다. 아니 어떡하든 더 많이 긁으려고 억지 쓰고 때로는 인간 윤리에 벗어나는 행위로 몸부림친다.

우리 사회가 돈의 복마전으로 변해 버린 것은 어제오늘이 일이 아니다. 특히 경조사는 상부상조라는 허울 좋은 가면을 쓰고 돈 봉투가 춤을 춘다. 앞에서는 축하하고 위로하는 인사를 나누고 뒤로 돌아서선 셈속 따지기에 분주하다. 경조사의 서운함이 결국 인간관계의 단절에까지 이르는 일을 주위에서 심심찮게 발견한다.

경조사에는 항목이 있다. 위아래 직계의 사망과 자녀의 결혼이 그것이다. 애사 시 이제는 시대의 추세에 따라 처가와 시가도 그 범위에 포함시키고 있다. 경사 시 그 상대방을 무한정 넓히려고 하는 데에 폐단이 있다. 선진국에서는 친근한 주변 사람들에게 알리고 결혼식 때는 돈보다 살림에 필요한 물품을 사 준다고 들었다. 우리나라의 경조사 세태는 정말 개선해야 할 점이 너무나 많다.

고교 친구 하나가 갑자기 병으로 입원해 수술하게 되었다. 외국을 다니면서 고생만 하고 사기를 당해 형편이 어렵다고 했다. 카톡에 올리자 건강을 기원하는 댓글이 빗발쳤고 치료비 모금에 적극 동참하는 친구들을 보았다. 사흘 만에 무려 2천만 원이 모여 수술비에 충당하고도 남았다. 독실한 기독교 신자인 한 친구는 그와 잘 모르는 사이지만 선뜻 100만 원을 냈다고 한다. 친척조차 외면한 그를 얼굴도 모르는 친구들이 자기 일처럼 발 벗고 나선 것이다. 훗날 보답을 바라고 송금한 사람은 아무도 없을 것이다. 한동안 가슴이 뭉클해 세상 살맛이 났고 그런 친구들을 가진 것이 그렇게 행복할 수가 없었다.

나 역시 몇 년 전에 암 수술을 받은 적이 있다. 경증에 착한 암이라 경과가 좋았고 며칠 만에 퇴원했다. 많은 친구들이 찾아와 물심양면으로 도와줬다. 고마움과 함께 내가 일생을 헛되게 살아오지 않았구나 싶은 희열을 느꼈다. 경조사의 선을 긋지 않은 그러한 인간관계가 더 순수하고 바람직한 모습이 아닐까.

우리 애들 둘은 30대 중반의 나이에 결혼을 서두르지 않고 있다. 우리 부부는 언젠가 애들이 결혼할 때 작은 결혼식으로 치르자고 약속했다. 광고 전단지를 뿌리듯 청첩장을 남발하는 대신 가까운 친인척들만 초대하기로 했다. 혼수도 간소하게 준비하려고 한다. 부모 아닌 본인들이 진짜 주인공이 되는 무언가 색다르고 감동을 주는 이벤트를 꾸미게 할 것이다.

허례허식을 버리고 실속 있는 결혼식을 꾀하고 새로운 결혼문화를 정착시키는 일은 결코 법과 강제로는 할 수 없다. 사회 지도층부터 작고 알찬 결혼식의 이행에 나서고 언론 등이 이를 널리 알리고 계도하면 국민들이 점차 의식이 깨고 그에 따르지 않을까 싶다.

 주위에서 자녀 결혼식을 마친 뒤 무척 후회한다는 말을 가끔 듣는다. 체면과 남의 이목을 의식해 등골이 휘어질 만치 평생 모아둔 돈을 송두리째, 또는 대출까지 받아 결혼자금에 쏟고 보니 정작 자신의 노후 보장에 쓸 돈은 거의 남아 있지 않다고 한다. 허세 부리고 과욕하고 낭비한 끝에 맞는 것은 외화내빈의 공허하고 초라한 현실이다. 자기 힘으로 현재의 실정에 맞게 결혼식을 치르게끔 자녀들을 일깨워야 한다, 자신의 인생은 자신이 책임지는 것이라면 인생의 대사인 결혼식은 스스로 해결하게끔 이끌어 주는 것이 부모의 바른 역할이 아닌가 한다.

 진정 보람 있고 건전한 미풍양속으로 자리매김할 경조사의 모습을 소망해 본다.

#뒷얘기

　드디어 우리 애들이 결혼하기에 이르렀다. 본인들이 원하고 우리 부부의 뜻이 맞고 양가에서 합의를 봤기에 앞일이 순조롭게 풀릴 것이라는 생각했다. 그러나 호사다마라고 현실은 우리가 희망하는 대로 움직이지 않았다. 자주 만나는 소모임의 친구들에게 작은 결혼식을 밝혔더니 긍정적인 반응이 아니었다. 네가 무슨 유명 연예인이냐고 비아냥거렸다. 남들 하는 대로 하지 왜 별나게 행동하느냐는 은근한 비난을 감추지 않았다. 작은 결혼식이란 게 그리 쉬운 게 아니어서 결국 보통 결혼식으로 돌아설 것이라고 단정하는 친구도 있었다.

　친척들에 대한 입장은 더 난처했다. 참석 대상을 우리 부모님과 2촌들, 즉 내 형제와 처가 형제, 자매들로 한정했다. 나중에나 알리려 했으나 그것부터 뜻대로 되지 않았다. 관절염으로 기동을 못하여 전화만이 세상과의 유일한 통로인 어머니께서 친척들과 집안 얘기 오가다 발설하셨기 때문이었다. 작은아버지는 누가 그렇게 정했냐고 무척 화를 냈다. 가까운 친족 범위에서 배제된 서운함이 배인 항의였다. 축의금 봉투 들고 와 윗사람으로서의 권위를 내세우고 행세하고 싶은데 아예 금족을 시키니 모멸감마저 느꼈을 수도 있다.

혼사를 처음 치르면서 나는 인생을 새로 배웠다는 깨달음을 가졌다. 혼사의 주 내용은 물론 두 남녀의 결합이지만 그 다음 중요한 것이 바로 그 과정에서 발생하는 돈 문제이다. 인륜지대사의 신성한 결혼에서 영리회사의 회계처럼 수입과 비용을 따진다는 게 추해 보일 수도 있다. 하지만 자본주의 시대에 살고 있는 이상 그 생리를 외면한다는 것 또한 바보스럽고 우스운 노릇이리라.

나는 개별 청첩장을 띄우지 않고 내가 꾸준히 인간관계를 맺어 온 여러 모임에 일괄적으로 알렸다. 그런데 내가 쓴 만큼 들어올 것이라는 믿음과 예상은 보기 좋게 빗나가고 말았다. 전혀 부조를 안 하거나 적게 보내는 등 서운하게 군 친구들이 꽤 나타났다. 안 보고 말 친구라면 다행이겠으나 산악회와 소모임 등에서 정기적으로 만나는 사이였다. 민감한 문제를 내색할 수 없고 그렇다고 예전 같은 친근감으로 대할 수도 없었다. 배신당하고 무시당했다는 괴로움에 한동안 악몽을 꾸기도 했다. 반면 이렇다 할 교분이 없는데 아낌없이 축하해 준 고마운 친구들도 많았다. 작은 결혼식의 주 하객인 친인척들은 거액의 축하금을 보내줘 우리 애들에게 큰 도움이 되었다.

  본지를 벗어난 얘기 같지만 내게 이런 일이 있었다. 아내를 통해 세 친구를 차례로 취직시켜 준 일이 있었다. 요즘 같이 어려운 시기에 나이 들어 직장을 얻는다는 게 얼마나 힘든가. 혹 잘못되면 심적 부담을 안을 수도 있다. 한 친구는 크게 사례해 우리가 오히려 미안할 지경이었다. 다른 둘은 숫제 아는 체하지를 않았다. 친구지간에 꼭 보답을 바라고 한 일은 아니지만 가볍게 밥 한 끼라도 먹는 것이 인지상정이고 우리 사회의 자연스러운 정서라고 생각한다. 남에게 못해줄 건 없지만 굳이 잘해줄 필요도 없다는 인생 선배들의 교훈을 새삼 되새기게 되었다. 나만은 저렇게 살지 말자는 뼈저린 경험을 치르며 반면교사 되었다 할까. 남에게 잘해 주면 고마워하고 나를 선의로 대해 줘야 온당한 일이지만 현실은 그렇지 않다. 오히려 이쪽을 가볍게 보고 기대려 하거나 심지어 속이거나 이용까지 하려는 사례를 심심찮게 듣고 본다.

  내게 소홀히 한 친구들에게 일일이 앙앙불락하면 나 또한 그들과 똑같은 속물이 되고 말지 않을까. 애경사에 대한 개념의 차이가 있거나 개중에는 피치 못할 사정에 처한 사람도 있겠지. 문득 이런 금언이 떠올랐다. 남이 내게 잘해준 것은 돌에 새기고 남이 내게 못해준 것은 강물에 흘려보내라. 물질에 대한 부질없는 욕심을 버리고 현재 내가 가지고 있는 것에 만족하고 나를 다스리는 법을 길러 나가자고 스스로 마음을 고쳐먹었다. 이럴 때 솔로몬의 지혜를 안겨 줄 훌륭한 멘토를 어디서 구할 수는 없을까.

  자기 자신과 세상의 잣대, 물질만능주의와 이해타산의 관점으로 사물을 보기에 남이 하는 작은 결혼식을 착하고 건전한 결혼식이 아니라 이상하고 어리석은 결혼식으로 인식하는 것이다. 우리나라에서는 삶의 작은 신념 하나 지키기가 이렇게 힘들다. 이때 악마 같은 코로나가 내게 구원투수로 등장했다. 그것을 빌미로 작은 결혼식을 한다고 하자 처음 고개를 젓던 주위 사람들이 차츰 긍정과 동의의 몸짓을 보내 왔다. 인류의 공적公敵인 코로나에 감사를 해야 한다니 세상은 참 요지경이요 역절적인 일이 아닐 수 없다.

금주禁酒의 변辯

 작정하고 새해부터 술을 끊었다. 좀 늦은 감은 있지만 꾸준히 실천할 수만 있다면 다행일 것이다. 하지만 결심이 그다지 굳건하지 못해서인지 나는 음주와 금주를 반복한다.
 반복하면서도 흔들리는 마음을 달래며 금주의 의지를 다진다. 내가 술을 끊으려고 결심한 게 아니라 술이 나를 끊으려고 했기 때문이다. 일찌감치 술의 매력에 빠져 가까이 했건만 술 마시는 과정은 곧잘 나를 실망시켰고, 숙취는 내 건강까지 위협했기 때문이다.
 술맛은 대부분 쓰다. 일하거나 운동한 뒤의 한두 잔은 달기도 하지만 몇 잔을 거듭하다 보면 쓴맛이 오장육부를 휘젓는다. 인생 자체가 충분히 쓰고 매운데 심신을 달래줘야 할 술마저 그렇다는 것은 영 받아들일 수가 없다. 우리의 삶이 원래 쓰디쓴 것이란 모진 교훈을 말하기 위함인가.

술은 기호물이자 식품이다. 우리 사회는 술이 매끼의 밥과 김치처럼 필수 식품으로 여기는 인식이 만연되어 있다. 다른 음료와 선택할 여지를 숫제 용납하지 않는 경직된 분위기에 갇혀 있다. 성인이, 그것도 남자가 술을 제대로 못 마시면 좀 모자라거나 이상한 사람으로 취급한다. 여러 사람이 한데 어울릴 때 술을 곁들이는 것을 당연하고 미덕으로 여기는 풍조다.

나는 20대 한창 젊을 때 몇 달 피우던 담배를 특별한 이유 없이 딱 끊어버렸다. 그것은 내세울 게 없는 내가 일생에서 가장 잘한 일 중 하나라고 생각한다. 그런데 술은 처음부터 길을 잘못 들었는지 여러 번의 시행착오와 잘못을 겪고서도 쉬 끊지를 못했다. 생일날 친구들을 불러 잔뜩 마신 뒤 집 화장실에서 졸도한 적이 있었다. 교우들과 어지러운 술판을 벌인 뒤 귀가하는 시장 골목에서 아기 업은 여자와 부딪쳐 넘어뜨렸고 치료비로 큰돈을 물어낸 일도 있었다. 과음 뒤 사방에 토악질하고, 심사가 뒤틀려 남에게 손찌검하고, 취해 걷거나 차를 타고 가다 소지품을 잃어버리는 등 지금 돌아보면 어리석은 짓을 많이 저질렀다. 나이 들어갈수록 조심하고 음주량이 줄면서 작은 실수조차 일어나지 않았지만 술은 대단한 미련처럼 완전히 끊지는 못하고 있었다.

사람들은 왜 쉽게 금주를 못하는 것일까. 저마다 이유가 다르겠지만 대개는 이렇지 않을까.

첫째, 습관이 사고와 행동을 지배하기 때문이다. 한 번 길들인 음주의 버릇이 일상화되어 주위의 술꾼들과 어울려 자연스럽게 마시곤 한다. 술이 인간관계의 중요한 부분이라는 고정관념을 떨치지 못하고 그런 일상을 되풀이하는 것이다. 인생은 알코올이라고 외치던 친구가 있었다. 대낮 반주 등 주야장천 마셔대다 통풍에 알코올성 치매까지 겹쳐 고생하고 있다. 학교에선 수재이고 직장에선 능력을 인정받았던 그의 현주소가 안타까울 뿐이다. 고혈압을 비롯한 지병이 있어 술을 삼가라는 아내의 말을 무시해 온 어느 지인은 결국 뇌경색으로 쓰러져 큰 수술을 앞두고 있다는 소식을 들었다. 간경화와 위장병으로 술을 끊었던 또 다른 친구는 좀 나아지자 술 없는 인생이 재미없다고 술잔을 다시 입에 댔다.

둘째, 피하지 못할 타인의 시선 내지 자존심 때문이다. 남들 다 마시는 술을 혼자 못하면 대인관계의 걸림돌이 되지 않을까 두려워한다. 나이 먹어 약해졌어도 아직 감당할 수 있는 체력이라고 남들보다 먼저 끊는 것을 주저한다. 금주하면 약자이고 루저이고 폐인이 될 것이란 그릇된 강박관념에서 헤어나지 못하고 있다. 술이 인간관계의 윤활유이자 촉진제인 것은 분명하지만 끝까지 제구실을 다할지에 대해선 강한 의문이 든다.

술 마시면 물건을 잘 잃어버린다. 산에 갔다 한잔하고 돌아오다 교통카드를 잃어버렸다. 옷 주머니에서 다른 것을 꺼내다 돈을 떨어뜨린 것을 모를 때도 있다. 술 마시면 무엇을 잘 잊어먹는다. 해야 할 일 등이 한순간 생각 안 나 낭패를 볼 때가 있다. 술 마실 때는 아무리 조심한다 해도 내 언행이 궤도를 벗어나는 실수를 한다. 잠재의식 속에 감춰두었던 말을 술기운을 빌려 내뱉는다. 그냥 넘어가면 다행이지만 때로는 남을 불쾌하게 하고 큰 상처를 안기기도 한다.

술에는 一不(일불), 三少(삼소), 五宜(오의), 七過(칠과)라는 말이 있다. 한 잔으로 끝나지 않고 세 잔은 적고 다섯 잔이 적당하고 일곱 잔은 지나치다는 말이다. 이는 애주가가 지어낸 말이고 나는 굳이 마신다면 두세 잔이 알맞다고 생각한다.

술은 얼마나 고맙고 다정한 벗인가. 한잔 마시면 알딸딸해지며 기분이 좋고, 두 잔 마시면 심신이 편안하고 황홀해지고 세 잔째 이르러선 괴로운 현실을 잠시 잊는 경지에 들어선다. 하지만 술 마시는 이들 중 중동무이로 끝내는 경우는 없다. 어떤 일을 시작하면 끝장을 보고야 마는 한국인의 잘난 국민성으로 우리 사회는 나날이 멍들어 가고 있다. 술은 과연 떨칠 수 없는 필요악일까.

확실히 술은 막혔던 수도관이 뚫리듯 사람과 사람 간의 소통을 도와주고 막힌 난제를 푸는 열쇠가 되기도 한다. 하지만 술로 말미암은 부작용과 폐해는 상상하기 어렵지 않다. 누구나 알다시피 알코올은 뇌의 중추신경을 마비시켜 인간의 이성과 분별력을 빼앗는다. 평소에 온순하던 사람도 술만 들어가면 과격해지고 자제심을 잃고 남을 함부로 대한다. 술이 폭언, 폭력을 비롯해 숱한 사건 사고의 시발점이 되고 있음은 우리가 익히 알고 있는 사실이다. 처음에 미소 짓는 천사가 한순간 악마의 친구로 돌변하는 것이 바로 술의 속성이다.

　술자리에 가 보면 천태만상의 장면들을 심심찮게 발견한다. 열심히 남에게 술 따라주고 자신은 한 모금도 안 마시는 주정 아닌 주정을 보았다. 남을 마구 헐뜯고 사생활을 들추는 등 뒷담화를 일삼는 사람들이 있다. 취중 험담이 돌고 돌아 본인에게 전해져 주위 사람들을 괴롭히다 결국 당사자끼리 화해한 일도 있었다. 큰소리치고 확신에 찬 호언장담을 듣고 있노라면 세상에 불가능한 것이 없을 듯한 착각마저 든다. 그럴듯한 취중 약속이 숫제 지켜지지 않음은 숱한 경험으로 체득했다. 취중의 지나친 언행으로 타인에게 씻지 못할 상처까지 입혔으나 술 깬 뒤 기억에 없고 모른다 하면 그뿐이다. 그것을 문제 삼으면 오히려 그쪽이 속 좁고 인성이 부족한 사람으로 비친다. 술이 나쁜 줄 알면서도 이후에는 관대한 모순된 사회에 우리는 살고 있다.

음주문화가 나아지고 있지만 개선해야 할 점이 아직 많다. 상대방 입장을 돌보지 않고 강권하는 분위기가 여전히 남아 있다. 내 잔 비었으니 따라 달라는 핀잔은 애교에 가깝다. 즉석에서 잔을 비우고 답잔 주기를 강요할 때는 곤혹스럽다 못해 화가 나곤 한다. 술이 결코 남을 위해 마시는 것은 아닌데 말이다. 건배사로 "건강을 위하여!"라 외친 뒤 술잔을 거듭 부딪치고 코가 비뚤어지도록 혀가 꼬부라지도록 마셔대는 모순을 되풀이한다. 술에 취해 지나친 언행-끝없는 요설로 떠들거나 남에게 손찌검을 하려고 하는 등의-이 벌어질 때는 불안해 뛰쳐나가고 싶은 경우도 있었다. 정도가 심한 술자리일수록 이해관계가 얽히고 뒤가 개운치 못한 경우를 많이 보아 왔다.

 음주의 양과 회수에 비례해 우정과 친분의 척도로 삼는 빗나간 관념에서 벗어나지 못하는 한 인간관계는 어두워지고 우리 사회는 병들어 갈 수밖에 없다. 일련의 미투 사건에서 비롯된 것이긴 하나 술 아닌 다과를 갖추고 각종 모임과 회식을 갖는 분위기가 확산된다고 한다. 조용히 담소하며 남에게 덕담하고 관심을 줌으로써 정이 깊어지고 인간적으로 더 가까워지는 것이 아닐까. 술은 적당히 마시기만 한다면 유용하기 그지없는 식품이다. 긴장을 해소하고 분위기를 부드럽게 만들고 건강에도 아주 좋다. 반면에 과할 경우에는 건강을 해치고 분위기를 망치고 관계를 긴장시키는 해로운 물질이다.

　나이 들어 기력이 달리고 몸 이곳저곳에서 이상 신호를 보내고 있다. 일상생활에 지장을 줄 정도의 질병에 걸린 것은 아니다. 그럼에도 내가 단주를 결심하게 된 데는 남들이 이해 못할 이유가 있다. 안온한 삶의 질서와 리듬을 유지해 나가기 위해서다. 치열하게 살지는 못할지언정 건실하게는 살아야겠다는 일념에서다. 좀 더 반듯하고 정제된 삶을 살기 위해서 금주가 필요하다고 생각한다.

　술에 멀리하려는 것이 건강 때문만은 아니다. 짧은 여생을 가치 있게 보내야겠다는 생각에서다. 단순한 평안, 독서와 산행 등 건전한 취미생활 같은 소중한 것들을 고스란히 지켜나가고 싶다는 소망 때문이기도 하다.

해를 넘기기 전 친한 친구가 병원에 입원했다. 술에 절어 사는 그는 망년회에서 과음한 뒤 정신을 잃고 길에서 넘어져 다친 것이었다. 깁스하고 누워 있는 그의 사진은 나의 금주 의지를 더욱 다져주었다.

변덕 같지만 금주의 철칙에 수정을 가한다. 절대 결심은 절대로 무너지기 쉬운 법이다. 절대적 금주는 오히려 위선이라고 생각해 살짝 피하고 싶다. 그때의 상황에 맞춰 약간의 음주는 무방하다고 결론을 다시 내렸다. 인간관계의 사슬에서 벗어나지 않는 한-우리나라에선 더욱 그렇다- 필연적인 매개체로서의 술의 존재를 부정하기는 무척 힘들다. 억지로 술을 피하고 멀리하는 일도 스트레스와 강박관념에 갇혀 오히려 심신이 자유롭지 못하다.

산행하거나 충분히 운동한 뒤, 아주 기쁘고 즐거울 때 마시는 술 한 잔쯤은 몸에 이롭지 않을까. 반대로 슬프고 우울하거나 배고플 때 마시는 술, 여럿이 모여 함부로 마시는 술은 결코 좋을 수가 없다. 건강과 시간과 돈의 헛된 낭비일 뿐이다. 음주의 철저한 기준을 정하고 자신을 얼마나 절제하느냐에 따라 우리 인생의 모습이 달라진다면 지나친 말일까.

결혼은 이제 선택과목인가

아들이 결혼을 안 하겠다고 선언했다. 아들은 30대 초반의 공무원이다. 서울서 근무하다 지방 근무를 자원했다. 일찌감치 부모로부터 독립한 걸 대견하다고 여겼다. 하지만 그게 영원한 독신을 선언할 기미였다는 건 눈치 채지 못했다. 어떤 책의 영향이었을까, 엄마의 입김이었을까. 위의 누나까지 결혼을 서두르지 않자 애들 할머니는 우리 집안이 절손하게 됐다고 한숨을 다 내쉬었다.

결혼은 편안과 쾌락과 행복을 안겨주기도 하고 반대로 구속과 고통과 불행의 씨앗이 될 수도 있다. 장미꽃으로 둘러싸인 화려한 정원인가 하면 끝없이 가시밭으로 이어진 험난한 길이다. 결혼은 인류의 영속을 위해 불가결한 필요악적 제도라고 정의해본다.

일찍이 누군가 결혼은 해도 안 해도 후회할 것이라고 했다. 어떤 사람의 불행한 결혼 생활을 두고 하지 않았다면 나 았을 것이라고 함부로 얘기하는 것을 들을 때가 있다. 한 사람이 두 가지 상황을 공유할 수는 없기에 양자를 비교한다는 것은 이치에 어긋난다. 결혼을 한 사람과 하지 않은 사람 둘을 비교한다면 몰라도.

작금의 여러 가지 상황은 결혼 적령기의 젊은이들에게 결혼을 주저하게 만들고 있다. 터널 끝이 보이지 않는 경제 불황으로 취업하기 힘든 마당에 결혼은 언감생심 꿈도 못 꾸고 있다. 오죽하면 3포 시대라는 말까지 나왔을까. 신성한 결혼이 상품이 되어 뒷전에서 결혼 시장은 활기를 띠고 있고 갈수록 짝을 찾는 눈높이는 높아지고 있다. 지금까지 결혼에 대해 품었던 보랏빛 환상이 실은 보잘것없는 허상임을 깨닫는 데는 긴 시간이 필요치 않았다.

우리 세대가 결혼할 때 그것은 필수과목이었다. 일상에 밥과 공기가 필요하듯 인생에서 결혼은 반드시 통과해야 할 과정이라고 인식했다. 대개 이삼십 대에 결혼을 했는데 남보다 늦거나 안 하거나 못하면 다른 능력이 아무리 뛰어나도 무언가 결함 있는 사람, 요즘 말로 왕따 감이었다. 그러나 이제는 서구식 사고의 수용인지 굳이 안 해도 되는 선택사항이 되고 말았다. 결혼하지 않고 인생을 성공으로 이끄는 일이 결코 위인들의 몫이 아님을 증명하는 당찬 일반인들이 늘어나고 있다. 특히 여성들은 왜 평생 가사 도우미로 출산과 육아를 책임지는 삶에 허덕이냐고 목청을 돋운다. 그래서인지 기혼여성들은 자식들이 걸리는 등으로 망설이다 늘그막에 황혼이혼이나 졸혼을 결행하여 자신을 위한 여생을 살겠다고 한다.

　아들의 폭탄선언에 대해 아내는 찬성하는 입장이었고 나는 침묵을 지켰다. 이미 신념으로 굳은 놈에게 인생관을 바꾸라고 강요하고 윽박지른다고 될 일이 아니었다. 많은 사람들은 결혼 기피와 출산율 하락의 세태를 비난한다. 그것은 경제 생산성과 국방력의 약화를 초래하고 인구는 국력이라고 강변한다. 모두 맞는 말이다. 하지만 자유민주주의의 세상에 결혼하지 않을 자유 또한 존재하고 보호받을 권리가 있다고 본다. 태어남과 죽음은 내 뜻과 무관하지만 그 사이의 삶을 온전히 자신의 의지에 따라 살고 싶은 욕망은 누구나 가지고 있을 것이다.

　논지를 벗어난 얘기인지 모르지만 요즘의 결혼식장 풍경을 살펴보자. 겉으로 보이는 것과는 달리 그곳의 진정한 주인공은 신랑, 신부가 아닌 그들의 부모들이다. 하객들과 인사 나누기 바쁜 이, 축의금 봉투의 상대방, 물질적 면에서 결혼을 성사시킨 이 모두 혼주라는 이름의 부모들인 것이다. 끝난 뒤라면 몰라도 결혼식 당일에는 실상 신랑, 신부가 주연 아닌 조연이라면 지나친 말일까.

　결혼하고 자식을 낳아 대를 잇는 것이 부모에 대한 효도라는 것은 유교주의의 산물이다. 시대가 바뀌고 서구의 사조가 유입되고 인간의 사고가 진보함에 따라 그 전통적 가치관은 무너지거나 수정하려는 추세를 보인다. 어느 쪽이 옳은지 그른지는 다음 세대가 평가해 주지 않을까.

　원한 것은 아니지만 우리 애들이 결혼하지 않는 경우의 내 인생도 나쁘지 않다고 생각한다. 손주를 못 봐 아쉽기는 하나 팔자려니 여기면 마음이 편하다. 현재의 삶도 충분히 복

잡한데 더 얽히는 인간관계로 인해 고단하게 사는 일은 피했으면 하는 것이 솔직한 심정이다. 인생은 최대한 단순하게 살아가는 것이 만족스럽고 행복한 모습이라고 믿는다. 지금까지 바쁘고 팍팍한 삶에 쫓기듯 살아왔는데 노년에 또 관계의 그물에 갇혀 산다는 것은 바람직하지 않고 부질없는 인생이라고 생각한다. 노년에는 더 여유롭고 마음 편하게 주어진 자유를 누리며 즐기고 싶다는 은근한 속내를 굳이 숨기고 싶지 않다.

애들아, 너희들이 어떤 인생관을 지니고 살든 나는 그것을 지지하련다. 외롭고 힘든 길을 걷겠지만 남이 부러워할 새롭고 멋진 인생을 펼쳐 주기를 간절히 바란다.

이 글을 다 쓴 뒤 상황이 일변했다. 딸도 아들도 결혼을, 그것도 한 해에 다 치르게 된 것이다. 작은 결혼식으로 하기에 가능한 일이었다. 두 남녀가 사랑하고 결혼하기까지의 과정에 긴 세월을 필요로 하는 경우가 일반적이지만 꼭 그렇지만도 아닌 것 같다. 딸과 아들은 상반된 경우였다.

딸은 남자친구와 10년 넘도록 교제하며 사랑을 키워 왔다. 상대는 참 예의 바르고 성실한 청년이었다. 무슨 이유에선지 결혼을 서두르지 않자 연애의 늦바람이 난 동생이 먼저 결혼하겠다고 보챘다. 역혼을 허용할 수는 없어 우리 부부는 코로나 상황을 무릅쓰고 결혼을 준비해 나갔다. 가족끼리의 조촐한 결혼식이라 남들처럼 많은 비용과 손길이 필요하지 않았다.

아들은 지방에서 근무지와 거주지를 옮긴 뒤 반려자를 만났다. 비혼주의의 가슴 한구석에 깃든 외로움을 떨칠 수 없었나 보다. 필이 꽂히고 말이 통하고 코드가 맞는다고 했다. 착하고 꾸밈이 없는 여성이었다. 사귀고 결혼을 결정하기까지 불과 몇 개월의 시간이면 충분했다.

성혼까지의 양상은 다르지만 뚜렷한 공통점이 있다. 상대방의 외면보다 내면을 먼저 보았다. 직업, 재산, 부모의 배경 등 세속적인 결혼조건을 내세우지 않고 인생의 동반자를 선택했다는 것이다.

퇴직금 공중분해

나는 어렸을 때부터 감정이 여리고 소심한 사람이었다. 여자를 마주 대하면 얼굴이 붉어지고 사람과 대화를 할 때 시선을 어디에다 둘 줄을 모르곤 했다. 대중 앞에 나가 말하는 것은 굉장한 두려움 그 자체였다. 이렇게 나약하고 내성적인 성격의 이면에 스스로 이해 못할 대담성이 있었다. 세상물정 몰랐고, 모르면 대담해질 수도 있었기 때문은 아니었을까.

아찔한 귀대

군대에 있을 때였다. 10개월 정도의 짬밥인 일병으로 혼자 외출 나갔던 적이 있었다. 시한부 자유에 그치지만 사지가 묶여 있던 울타리 안에 있다-창살 없는 감옥이라던가-고삐 풀린 망아지가 되었으니 그 기쁨은 무엇과도 바꿀 수 없었다. 40년이 훌쩍 지나버린 지금 그때 무엇을 했고 어디를

갔는지 전혀 기억이 안 난다. 군복 차림으로 제약이 있었겠지만 평소 하고 싶은 것을 닥치는 대로 하고 다녔을 것이다. 괴로움의 시간은 길고 즐거움의 시간은 짧은 법이다. 문득 시계를 보니 귀대 시각이 얼마 남지 않은 것이었다. 날은 이미 어두웠고 버스는 진작 막차가 끊겨 있었다. 내가 있는 곳은 경기도 전곡이었고 근무지인 사단사령부까지는 꽤 먼 거리였다. 노는 데에만 열중해 배차시간 따위에 숫제 신경을 쓰지 않은 것이었다. 미귀未歸 사병으로 영창에 들어가는 내 모습을 잠깐 그려 봤다. 그럴 리가 없다고 도리질을 치고 태연히 길가에 서 있었다. 근거 없이 낙관적인 생각을 한 채 이리 뛰고 저리 뛰는 행동에 나서지도 않았다. 그때 행운의 여신이 나를 껴안았다. 군용 지프차 한 대가 지나가다 그런 나를 발견했는가 보다. 선임석의 장교가 차를 세우곤 어느 부대에 있냐고 내게 물었다. 부대 이름을 댔더니 마침 그 방면으로 가는 길이라며 얼른 뒤에 타라고 했다. 그야말로 지옥 속에 만난 부처님이 아닐 수 없었다. 늦은 시간 시골길이 막힐 리 없었고 번개처럼 달린 지프차는 제시간에 무사히 부대에 도착했다. 절도 있는 거수경례로 감사의 인사를 한 뒤 멀리 사라지는 구세주를 한동안 바라보았다. 암담하고 어려웠던 시절이지만 그때의 군인들에게는 그런 인정과 보살핌이 있었다.

퇴직 통보

두 번째는 직장을 그만둘 때였다. 은행원이 얼마나 좋은 직업이었던가. 화이트칼라의 상징이었고 조기에 자기 집 장만하기 수월한 직장이었으며 돈을 구하는 사람들에게 목에 힘주고 다니는 곳이 바로 은행이었다. 모르긴 몰라도 그 당시 신랑감 우선순위에 들었을 것이다. 하지만 영광과 행운은 영원하지 않았다. 1997년 IMF란 혹독한 된서리를 맞아 유수한 기업과 은행들은 처참하게 망가지기 시작했다. 미중유의 국가 부도 사태를 예견한 사람이 있었던가. 저마다 외형 중심의 거품으로 성장하던 금융계에 엄청난 타격이었고 비싼 수업료를 치르고 큰 교훈을 얻는 계기가 되었다. 시중은행 5개 중 둘의 합병이 추진되었다. 양측 은행원들이 서울 도심지 가두에서 대규모로 시위를 벌이고 노조에서 결사반대했지만 헛된 메아리로 돌아올 뿐이었다. 당랑거철이요, 거대한 물결에 맞서는 작은 이파리였다. 곪아 터지려는 환부를 도려내는 금융개혁의 메스를 도저히 거스를 수 없는 상황이었다. 합병의 전제조건 중 하나가 전 직원의 1/3을 퇴출하는 것이었다. 믿을 수 없고 두려웠다. 몸의 피와 살을 그만큼 줄이면 사람이 살 수 없듯이 그렇게 많이 감원하면 은행이 그대로 무너지고 마는 것은 아닐까. 그에 따라 실무진의 손길은 바쁘게 돌아갔다. 살생부의 기준을 설정하는 일에 고심했을 것이 틀림없다. 방법은 대상자에 대한 사직 권고의 전화였고 미끼는 정상분보다 더 얹어주는 명예퇴직금이었다. 모두 자신만은 전화 받는 주인공이 되지 않기를 매일 기도했으리라. 직원들의 몸놀림은 겉으로는 활발한 듯 보였으나 표정은 납처럼 굳어 있었고 영업장 분위기는 뒤숭숭하고 어수선하기 짝이 없었다. 선장 잃고 항로를 벗어난 난파선이나 다름없었다.

 나는 나이에 비해 아둔했다. 1차 전화 통고가 비껴가면 무사히 넘어가는 줄 알았다. 웬걸, 그것만으로는 소정의 인원 수에 미달했는가 싶다. 하긴 돈을 많이 받는 게 문제가 아니었다. 갑자기 대책 없이 그 좋은 직장을 나와 무엇을 하겠다고 누가 퇴직 권고에 선뜻 응하겠는가. 다시금 퇴직 요구의 전화 공세는 시작되었고 우리 지점에선 기어코 내가 걸렸다. 한창 일하는 중 받은 전화의 저쪽 목소리는 먼저 인사 과임을 알렸다. 그 시기에 그 부서면 내용은 너무나 자명한 것이었다. 그는 내가 명예퇴직 대상자에 들었다고 나직하게 알리고 답을 달라고 했다. 지극히 사무적이고 권위주의적인 말투였다. 한데 참으로 이상했다. 통화 중엔 심장이 떨리고 겁이 더럭 났지만 수화기를 내려놓자 180도 달라졌다. 파문 일던 물결이 가라앉듯이 가슴이 시원해지고 머리가 거짓말처럼 맑아졌다. 아내에게 그 사실을 밝혔더니 집 걱정하지 말고 맘 편하게 결정하라는 대범한 반응을 보냈다. 잠시 눈을 감고 16년의 은행 생활을 더듬어 봤다. 늦은 나이에 입사해 시행착오를 많이 겪으며 몸부림쳐 온 세월이었다. 남들보다 더 나은 노력을 하지 않고 스스로 설정한 한계 앞에 주저앉은 자신을 보았다. 내 능력보다 조직의 잘못된 환경을 탓하고 일해 왔다. 최근에는 입바른 소리를 내며 상급자와 충돌한 적이 있었다. 당연히 고과가 좋을 리 없었고 직급에 비해 많은 나이가 발목을 잡은 것이었다. 나를 밀어준 사람에게 더 누를 끼치지 말고 다른 직원들에게 피해를 주지 말자고 결심했다. 무엇보다 버티고 계속 일할 경우 뒤통수에 쏟아질 따가운 눈총을 감당할 배짱이 내겐 없었다. 퇴직 후 어떻게 살아야 하나 하는 문제는 전혀 머릿속에 담지 않았다. 겨우 차 한 잔 마실 짧은 시간에 모든 것이 결정났다. 다음 날 나는 일호의 망설임도 없이 지점에 사직서를 제출했다. 마흔다섯 살이었다.

퇴직금의 상실

1998년 11월 나는 청춘과 중년을 바친 은행의 문을 나섰다. 그 보상으로 당시로선 적지 않은 1억 원 남짓의 퇴직금을 받았다. 40대 중반의 아직 팔팔한 내 앞에 펼쳐진 것은 허울 좋은 자유란 이름의 무직자요 백수 인생이었다. 젊은 시절에도 실업자로 지낸 적이 있지만 지금은 그때는 상황이 달랐다. 혼자가 아니라 한 가정을 이끌고 나가는 가장이었다. 마냥 집에 틀어박혀 쌀을 축내고 목돈을 야금야금 까먹을 수는 없는 노릇이었다. 주위의 권유대로 부동산중개업을 하려고 공인중개사 시험을 준비했다. 시험과목이 전공과 많이 겹쳐 아주 어려운 것은 없었다. 5개월간 공부해 합격했고 말 타면 경마 잡히고 싶어 한다고 그해 바로 개업했다. 태생적으로 나는 재테크에 어두웠던가 싶다. 퇴직금을 어떻게 굴려야 할 줄을 몰랐다. 대학 후배에게 이자도 안 받고 일부를 며칠 꿔 주거나 처제에게 장기간 융통해 줘 아파트 평수를 늘리게 하는 등 남 좋은 일만 베풀었다. 5년 뒤 보장금리를 주는 보험 상품에 4천만 원을 들었고 투자신탁에 맡긴 1,000만 원의 펀드로 단시일에 재미를 보기는 했다. 하지만 나의 퇴직 후 행운은 딱 거기까지였다. 친척과 동업한 부동산이 처음엔 잘나갔으나 일이 꼬여 수입이 곤두박질할 무렵이었다. 악마의 손길은 그 틈을 파고들어 나를 재난과 불행의 구렁텅이에 빠뜨렸다.

친구 하나가 주식으로 괜찮은 이익을 남긴다는 정보를 흘렸다. 형편이 어려울 때라 워낙 얇은 내 귀가 거기에 솔깃할 수밖에 없었다. 친구 따라 강남 간다고 그와 동참했다. 나방이 불에 타 죽는 줄 모르고 호롱불에 달려든 꼴이었다. 직접 하는 게 아니고 유능한 펀드매니저에게 맡기는 것이라고 했다. 보통 주식이 아니고 옵션이었고 매달 수익을 내면 그중 40%를 그에게 보수로 주고 만약 손해가 발생하면 어떤 책임도 묻지 않는다는 약정서를 썼다. 지금까지 월 4~10%의 안정된 수익을 올렸다는 말을 철석같이 믿었다. 말대로 순탄하던 '앉아서 돈 먹기'는 9.11테러 사건이란 엄청난 복병을 만났다. 주식처럼 원금의 작은 일부가 아닌 절반이 순식간에 연기처럼 사라지고 말았다. 내 노후의 삶을 받쳐 줄 든든한 지붕 같은 큰돈이 태풍 한 방에 무너져 내린 것이었다. 어마지두에 머리가 텅 빈 느낌이었고 어떻게 대응하고 수습해야 할지 몰랐다. 생각하고 생각한 끝에 내가 선택한 길은 극약처방이나 다름없었다. 내 명의로 된 아파트를 담보로 2억쯤 대출받았다. 잃은 돈 만회하려면 판돈이 커야 한다는 무식하고 어설픈 도박꾼의 심보였다. 결과는 역시 참담해 남은 퇴직금의 절반이 또 사라져 버렸다. 너무나 믿기 힘든 사실이었으나 통장을 다시 들여다봐도 전화로 조회해 봐도 잠에서 깨어나도 돌이킬 수 없는 명백한 사실을 확인했을 따름이었다. 그때 나의 반응은 남은 물론 내 자신조차 납득할 수 없는 것이었다. 울부짖거나 술을 퍼마시거나 하다못해 친구나 펀드매니저를 찾아가 멱살이라도 잡아야 정상이 아니었을까. 한 마디로 무척 태연하고 덤덤했다. 한 푼이라도 회수를 위한 몸짓을 하는 대신 그저 침묵하고 가만히 있었다. 애초에 그런 돈이 없었던 것처럼, 푼돈이 주머니에 잠깐 있다 분실한 것처럼 숫제 심적인 동요를 보이지 않았다. 인생이 내 뜻대로 풀리지 않음에 조금 낙심한 정도였다. 퇴직금을 모두 눈앞에 실물 지폐로 가지고 있다 도난당했어도 그렇게 강심장으로 버틸 수 있었을까.

   은행의 개인연금을 중도해지하고 보험사에 예치한 돈도 원금에서 손해보고 중간에 인출했다. 이리저리 긁어모아 대출금을 간신히 다 갚았다. 가진 돈만 잃고 은행 빚을 정리할 수 있었던 것이 그나마 천만다행이었다. 돈은 쉽게 버는 것이 아님을 새삼 깨달았다. 주식은 아무나 하는 게 아니었다. 그럴듯한 남의 말을 무턱대고 믿어서는 안 되었다. 그 사건은 말로 다 할 수 없는 값진 교훈을 내게 안겼다. 평생 두 번 없을 큰 사고에 후유증이 없을 리 없었다. 퇴직금 날린 사실을 몇 년간 아내에게 숨기고 있다 아내에게 털어놓았다. 나라는 위인을 일찌감치 터득했던 걸까. 아내가 나를 책망하지 않은 것은 뜻밖이었다. 우리 애들도 집이 달아난 건 아니냐면서 아빠를 원망하지 않은 것이 고마웠다. 뒤에 아파트를 공동명의로 바꾸는 정도로 매듭지었다. 그 대신 몇 개월 뒤 장인어른의 전화 한 통화로 홍역을 치러야 했다. 약 20분간 육두문자를 써 가며 내게 마구 욕을 퍼부었다. 어찌나 매서운지 나는 한마디 변명할 틈도 내지 못한 채 고스란히 듣고만 있어야 했다. 다시는 안 볼 사람처럼 처음부터 끝까지 나를 비난하는 언사로 일관했다. 그때는 서운했지만 집안의 기둥인 큰딸이 길거리에 나앉을 뻔했다는 분노의 감정을 지금은 이해할 수 있다.

스스로 생각해 봐도 내가 어찌 몇 번의 고난을 감내할 수 있었는지 모르겠다. 어쩌면 큰일을 겪을 때마다 내 손을 잡아 준 건 그 이상한 대담성이 아니었을까. 나와 함께 고난의 언덕을 넘었던 건 아닐까. 나이 들어 이제 그 이상한 대담성은 내게 없다. 내가 버린 게 아니라 그게 나를 떠났다. 무모한 결정을 해야 할 일을 만들지 말라는 경고일 것이다.

4부

이런저런 이야기들

- 꿈
- 인생과 나이
- 이름 이야기
- 과천에 살리라
- 코로나의 가르침

꿈

　전화가 왔다. 병무청이라고 했다. 거기서 내게 무슨 볼일이 있나 놀라움과 겁이 와락 났다. 귀하에게 입대 영장이 나왔으니 준비하라는 청천벽력의 말이 떨어졌다. 아니 제대한 지가 10년이 훨씬 넘었는데 무슨 소리냐고 항의했다. 송화자는 공무원 특유의 냉랭하고 사무적인 말투로 입대 대상자가 틀림없으니 이의 있으면 증명할 수 있는 자료를 가지고 나오라고 했다. 전화를 힘없이 끊고 마냥 고민했다. 세상에 군 3년 뼈 빠지게 갔다 왔는데 다시 가라니 이런 끔찍한 말이 어디 있나. 끊임없는 몽둥이질과 기합, 온갖 폭언과 폭행으로 점철된 군대는 사람 사는 데가 아니었다. 대한민국 남자의 의무니까 할 수 없이 갔다 왔을 뿐 아무리 좋은 보상을 준다 해도 두 번 다시 가고 싶지 않은 곳이 바로 군대였다. 한 마디로 자유가 유보되고 구속과 공포가 최대화, 극대

화한 공간이 군대였다. 군대 가기 싫어 부러 죄를 짓고 감옥 갔다는 사람도 있고 수용연대에서 훈련소 투입이 늦어지자-그때는 군 복무기간에 그곳에서의 대기시일은 산입하지 않았다고 들었다-자살해 버렸다는 사람도 있었다. 세상에 이런 행정 착오가 있을 수 있나. 차라리 죽을지언정 군대는 다시 못 가! 가만있자, 어디 가서 내 군필을 증명하나. 동사무소에 내일 가 볼까, 병무청 가서 거슬러 찾아보면 내 군복무한 기록이 나오겠지. 혹시 안 나오면 어떡하나. 억울하지만 재입대해야 할까. 이 무슨 더러운 팔자냐. 끝없이 몸부림치다 퍼뜩 눈을 떴다.

　꿈이었다. 온갖 꿈 중에서 가장 무섭고 증오스러운 악몽을 꾼 것이다. 내 몸을 살피니 온통 식은땀으로 젖어 있었다. 평소 무한증에 가까우리만치 땀을 거의 흘리지 않는 내가 꿈 한 번 꾸고 나서 옷이 흥건하고 진득진득한 땀에 젖다니, 고통 중에 이런 고통이 다시없었다. 온몸이 탈진한 듯 기운이 하나 없고 머릿속은 텅 비어 내가 정신병자처럼 느껴졌다. 며칠 뒤 똑같은 꿈을 꾸었다. 두 번 군대 갈 수 없다고 발버둥을 쳤다. 이런 일이 되풀이되다 시나브로 꿈의 강도가 약해지더니 어느 날부터 사라져 전혀 꾸지 않게 되었다. 인생에서 특별한 경험을 준 군대가 뇌리에 잠재하다 그런 악몽의 형태로 재현된 것이 아닌가 싶다. 재미난 것은 다른 친구도 나와 비슷한 꿈을 꾸었다고 한다. 입대 영장이 나왔다는 말을 듣고 못 가겠다고 소리치고 고민하는 괴로움을 반복했다고 한다.

1년 계약직으로 취직했다. 은행을 중도에 퇴직해 아쉽고 허전한 생활을 하고 있었는데 운 좋게 재취업한 것이다, 한데 하는 일이 카드 연체 회수인지 무언지 분명치가 않고 일을 시키는 사람도 나타나지 않는다. 그냥 다시 직장을 다니고 활동할 수 있다는 기쁨에 들떠 있다. 나날이 그런 석연치가 않은 상태가 지속되자 이게 정말 현실일까 의문을 품는다. 그러다 문득 깨어 보니 꿈이었다.

은행이 얼마나 선망 받는 직장이었던가. 어떤 불황이 닥쳐도 제날짜에 월급이 어김없이 들어왔다. 이미지가 다른 회사보다 깨끗하고 기름 따위 만지지 않는 우아한 사무직이었다. 요즘 말로 하면 가히 신의 직장이라 할 만했다.

나는 두 번째 단계의 권고사직 전화를 받았다. 지금 생각해도 지극히 짧은 순간에 퇴직을 결심한 내 자신이 의문스러웠다. 뒤에 보니 버티고 안 나간 사람들은 다시 연봉이 오르고 승진도 했던 것이다. 주인 없는 기업이라 얼마든지 가능한 이치를 나만 몰랐던 것일까. 온실에서 자란 여린 화초는 그날 이후 비바람 치는 들판에서 혹독한 세월과 부딪쳤다.

훌륭한 직장을 45세의 나이에 떠난 것이 한이 되고 더 다니고 싶다는 열망이 뇌리에 남아 있다 그런 꿈을 꾼 것이었다. 나는 아직도 옛 은행을 계속 거래하고 있다. 정년퇴직이 아닌 경우 나쁜 기억이 앞서 거래를 끊는 경우가 많다는데 나는 그러지 않았다. 16년 인연 맺은 대상에 대한 덧정이라고나 해 둘까.

아버지께서 살아 계셨구나. 중병을 앓고 돌아가셨는데 그게 아니었구나. 평소와 다름없이 활동하시고 있잖아. 그럼 그렇지, 그렇게 건강하신 분이 아직 한창나이에 세상 떠날 리가 없다. 그런데 항상 밝은 모습은 어디 가고 표정이 어둡고 말씀이 없으셔. 삶의 의욕과 활기가 넘치던 분이 너무 변했어. 여러 가지 달라져 버린 아버지의 모습을 뵈며 고개를 갸웃거리다 문득 잠이 깨었다. 꿈속에서도 이게 꿈이 아닐까 생각했는데 역시 꿈이었다.

불과 54세에 돌아가신 아버지. 얼마나 돌아가신 것이 한스러웠으면 그렇게 큰아들의 꿈속에 현신하시나. 자주 내 무의식의 세계로 들어오셔서 전하는 메시지는 무엇일까. 뇌출혈로 갑자기 쓰러져 혼수상태 닷새 만에 이승의 끈을 놓아버린 당신. 할 일이 태산 같은데 하늘나라로 서둘러 가신 까닭이 무엇이었나요. 문학과 학문 양면에 그토록 열정을 다해 하시려는 일이 많지 않았나요. 당신의 눈에 넣지 못해 안달하던 막내딸의 결혼도 보지 못하고 총총히 떠나버리신 것이 너무나 안타깝습니다.

아버지의 친구와 지인, 후학들은 갑작스러운 부음을 듣고 무척 안타까워하는 분들이 많았다. 추운 겨울의 난로와 같고 인간성 상실의 각박한 세태에 보여주는 따듯하고 순박한 인간미가 내내 그립다고 했다. 술을 잘하시고 위아래 없이 사람들과 어울리기 좋아하시고 무골호인에 인정이 두터워 주위에 어려운 이가 있으면 아낌없이 베풀곤 하셨다. 젊었을 때 속을 좀 썩였는지 시골 부모님께 극진히 효도를 다했다. 그것을 주제로 한 장편소설을 유작으로 남기고 홀연 세상을 뜨신 것이었다.

옥에 티처럼 아버지의 한 가지 흠이라면 생전에 가정을 소홀히 한 것이다. 가부장제가 지배한 그 시절 어느 집안이나 비슷했겠지만 어머니는 내내 가슴앓이를 하며 숱한 고생을 치르셨다. 당신은 바깥 활동에 돈을 물 쓰듯 쓰시고 집에는 생활비를 잘 안 주셨다. 빚보증을 잘못 서 어렵게 장만한 집에서 쫓겨나 셋방살이를 전전하기도 했다.

아버지와 얽힌 추억이 많지 않아 그 점이 아쉬움으로 남아 있다. 식욕이 왕성하여 정오가 되었는데 점심이 미처 준비 안 되어 있으면 방 안에서 안절부절 못하곤 하셨다. 전공을 살려 아나운서를 하는 게 꿈이었으나 말더듬이 탓에 접을 수밖에 없었다고 한다. 학생이 빨간 넥타이 매고 찾아오면 건방지다고 싫어하셨다. 자부심이 강해 당신이 쓴 책을 교재로 하지 않는 수강생에겐 학점을 짜게 주는 고루한 면도 있었다. 집에서 당신을 찾는 전화를 내가 받으면 꼭 누군지 먼저 물어보아야 했다. 무심코 그냥 건네드렸다 단단히 혼나곤 했었다. 매사 경우에 밝고 원칙적이고 보수적인 면이 있는 분이었는데 이런 면도 있었다. 강의 가야 할 시간이 급해 택시를 타야 했는데 영 잡히지 않았다. 손 흔들면 번번이 지나가기만 했다. 비상수단을 써 택시가 한 대 오자 대뜸 길로 나가 차 앞을 가로막았다. 사람을 칠 순 없으니 설 수밖에 없었고 그 틈에 잽싸게 탔다. 택시 기사는 어이없었지만 안 간다면 승차 거부가 되니 울며 겨자 먹기로 따를 수밖에 없었다.

아버지께서 일찍 삶을 접은 뜻이 무엇일까 여전히 의문으로 남아 있다. 오랜 세월 그것은 삶의 화두요 숙제로 이어져 왔다. 살아계실 때 특별히 주신 가르침이 없었고 우리는 당신의 일상 언행에서 어떤 깨우침을 얻지 못할 정도로 아둔했다. 최근 들어 문득 깨달았다. 억지 해석이고 엉뚱한 발상일지 모르겠으나 그것이 아니고는 아버지의 뜻을 헤아릴 길이 없다. 아버지의 함자는 鎭 자 宇 자다. 그것의 발음은 진짜 웃자와 비슷하다는 발견을 한 것이다. 그렇다. 당신은 성품이 낙천적이고 긍정적이었다. 삶의 애착이 강하고 항상 적극적으로 살아오신 분이었다. 우리 가족에게 하실 말씀은 그것이 아니었을까. 인생이 아무리 괴롭고 험난하더라도 참고 견디고 밝게 웃으며 살라는 것이다.

떠나신 지 어언 35년이 지난 오늘, 당신이 여전히 그립다.

누구나 알다시피 꿈에는 두 가지가 있다. 하나는 밤에 꾸는 꿈이고 또 하나는 낮에 꾸는 꿈이다. 전자는 잠잘 때 가끔 생리적으로 꾸는 비현실적인 꿈이다. 결코 원하지 않아도 찾아오고 허무맹랑하고 예측 불가능한 것이다. 산속에 나타나는 도깨비불 같은 것이다. 후자는 우리가 인생을 살아가면서 추구하는 이상과 포부와 희망을 말한다. 어떤 꿈을 어떻게 꾸느냐에 따라 그의 인생이 달라진다. 실현 여부를 떠나 자신이 원하는 대로 꿈꿀 수가 있다. 그 꿈이 없는 인생은 영혼이 없는 육신과 같고 돛대가 없는 배와 같다. 그 꿈은 하늘의 반짝이는 별이요, 초원에 피어난 아름다운 꽃과 같다.

불행히도 나는 어릴 때부터 꿈이 없었다. 주어진 환경을 좇아 소극적으로 살았다. 작은 생활신조를 지키며 그냥 성실하고 온순하게 살아온 덤덤한 인생이었다. 서치書癡에 꽁생원이었고 세상 물정에 어두운 우물 안 개구리였다. 성공과 출세라는 언어를 망각한 채 살았고 욕망의 날개를 다는 법도 몰랐다. 변명 같지만 부모나 선생이나 친구나 주위에서 내게 꿈을 심어 주고 나를 이끌어 주는 사람도 없었다.

60대 중반에 이르러 비로소 꿈이 생겼다. 아파트 생활을 미련 없이 청산하고 집을 새로 지어 단독주택으로 이사했다. 소도시의 외곽에 위치한 곳이라 반 전원주택이라 부르고 싶다. 30여 년의 아파트 생활은 편리하다는 것 외엔 좋은 점이라곤 없었다. 개성이 전혀 없는 성냥갑 같은 집에서 이웃과 담을 쌓고 숨 막히게 살아왔고 정서가 메마른 사막과 같은 공간이 아파트였다. 아파트의 탈출과 단독주택 진입의 대가로 엄청난 비용과 노력을 지불했지만 우리는 만족했다. 물질, 문명과 지그시 떨어져 자연을 가까이하는 삶을 꾀함에 내 심신은 함께 건강해지고 있다.

  좋아하는 취미생활을 즐기는 것, 집 뒤의 산에 올라 맑은 공기를 누리고 산마루에 올라 막걸리 한잔을 홀짝이는 것, 조용한 시간에 양서를 골라 읽는 것, 그리고 집 앞에 꾸민 꽃밭에 이따금 물을 주는 것, 그리하여 노년의 안온한 삶을 향유하는 것이 바로 내가 가진 꿈이다.

인생과 나이

우리나라는 나이공화국이다. 우리나라가 자유와 민주공화국임이 틀림없지만 일상에서는 거리가 먼 추상명사일 뿐이고 나이야말로 직접 우리 피부와 머리에 닿는 구체적 명사이다. 나이는 쉽게 말해 인생 계급장이다.

나이가 우리 한국 사회에서 갖는 의미나 비중, 영향은 엄청난 것이다. 우리는 남과 처음 만날 때 먼저 그의 성별과 인상을 살펴보고 나이를 가늠해본다. 나이의 많고 적음에 따라 서로의 관계 설정이 달라지기 때문이다.

새파란 양반 도령이 머리 하얀 상민 노인에게 하대하던 신분사회는 멀리 사라지고 누구나 법 앞에 평등한 세상이 되었다. 하지만 유교 이념이 뿌리박힌 우리나라는 나이가 그 무엇보다 앞서 인간관계를 규정짓는 힘을 발휘한다.

내게 동갑의 사촌이 있는데 내가 6개월쯤 생일이 빠르다. 동갑이라 친구처럼 그는 내게 반말을 했다가 우리 어머니에게 혼쭐이 나 그때부터 둘만 있는 자리에서도 나를 공손히

대한다. 학벌이나 능력은 나보다 낫지만 친족 사회에서는 그냥 아랫사람일 따름이다. 문중회에 나가 보면 항렬이 빠른 나이 적은 삼촌은 한 살이라도 많은 조카뻘에게 '님' 자를 붙이는 것을 자연스럽게 받아들인다.

내 직장에 입사 동기 둘이 있는데 나이 차이가 두 살이었다. 연하가 연상에게 '씨' 자를 붙이고 맞먹는다고 여러 사람들 앞에서 드잡이하며 싸운 일까지 있었다. 객지에서 만난 사이지만 한 살이라도 많으면 자존심을 내세우고 대접받겠다는 것이다.

우리의 신분과 지위는 노력으로 얼마든지 바꿀 수 있지만 출생일은 평생 변할 수 없는 숙명적인 것이다. 어쩌면 나이가 그의 삶의 운명을 결정짓는다고 해도 지나친 말은 아니리라. 보이지 않는 그림자 같은 존재이면서 실체와 다름없는, 아니 그보다 훨씬 강한 힘을 가진 것이 바로 나이이다.

나이가 많으면 상대에게 근거 없는 우월감과 자부심을 느끼고, 나이가 적을 때는 왠지 모를 위축감이나 열등감을 느낀다. 나이가 많은 사람에게는 사회생활에서 기득권과 우선

권이 있고 모임에서는 주도권을 행사한다.

　연장자에게 언행을 함부로 하는 것은 일의 경위나 잘잘못을 떠나 나쁘다고 여긴다. 그랬다가는 싸가지없는 놈, 더 나아가서는 후레자식이란 비난을 면할 길이 없다. 둘이 싸우다 수세에 몰리면 마지막으로 꺼내는 무기가 바로 나이다. 나이에 따라 부르는 호칭이 달라지는 우리나라는 일상의 모든 인간관계에서 항상 나이를 의식하고 살아야 한다.

　나이는 신상의 민감한 부분이다. 다른 사람을 처음 대할 때 성명과 고향, 주변의 지인 등은 자연스럽게 묻지만 나이에 대한 관심은 거의 금기시하고 있다. 남을 통해 알아보거나 지극히 조심스러운 태도로 접근한다. 특히 상대방이 나이가 많거나 여성인 경우 대놓고 묻는 것은 예의에 어긋난다고 생각하는 것이 우리나라의 정서다.

　나이는 절대적이면서 상대적인 측면도 있다. 내가 언제 태어났다는 것은 불변의 사실이다. 그러나 세월이 흘러 나이를 먹으면서 타인과의 인간관계에서 서로의 위상이 달라진다. 아들딸이 자라 성년이 되고 아버지와 어머니가 된다.

어린 세대가 청년이 되고 기성세대가 된다. 나이에 따라 세상이 내게 요구하는 기대와 역할이 달라진다. 나이가 들면서 꿈과 사고방식과 가치관이 바뀌고 인생이 함께 변한다.

나이가 힘을 못 쓰는 영역이 있을까. 상하 관계가 엄격한 군대, 경찰, 검찰 등의 계급사회, 신분으로 묶여 있는 친족 관계, 선후배 관계가 분명한 조직, 그리고 애정으로 얽혀 있는 남녀 관계가 있을 것이다. 그러나 어느 영역이든 나이를 고려하지 않는 곳은 없다. 그것을 무시하면 본데없고 뿌리가 없는 사람으로 치부된다. 우리나라에서 나이로부터 자유로운 사람은 아무도 없다.

재산을 많이 모으거나 높은 지위에 오르면 자신을 드러내지 않고 몸을 낮추라는 말을 한다. 하지만 자기 능력으로 이룬 결과라면 약간의 위세쯤은 탓할 수가 없다. 진짜 자만하지 말고 겸손해야 할 것은 바로 나이 앞에서다. 언제 어느 때 원하는 대로 태어난 것이 아니고 노력한다고 나이가 더 많아지는 것도 아니기 때문이다. 결코 나이 많다고 으스대지 말고 나이 적은 사람을 존중하고 보듬어야 한다. 나이에 대한 처신의 잘하고 못함으로 그 사람의 가치와 품격이 달라진다.

　내 아들 얘기다. 아들이 20대 중반에 소방관 간부가 되어 모두 기뻐했으나 근무 환경은 녹록하지 않았다. 그곳은 주어진 직위에 따라 움직여지는 조직이 아니었다. 상명하복의 군대와는 성격이 달랐다. 계급보다 나이와 직장의 짬밥이 좌지우지하는 공간이었다. 아들이 한 하급자에게 밀린 결재를 재촉했다가 욕하고 대드는 봉변을 당했던 일이 있었단다. 연장자가 연소자에게 지배를 당한다는 열등감에서 빚어진 일이 아닐까 싶다. 충분한 경력을 쌓기 전까지는 그런 가슴앓이를 겪으며 일해야 했다. 나는 그런 아들에게 변할 수 없는 관습의 현실을 인정하고 잘 적응해 가라는 조언밖에 해 줄 수가 없었다.

　나는 그 반대의 경우다. 서른 살의 늦은 나이에 직장에 첫발을 디뎠다. 처음엔 몰랐지만 내 눈앞에 보이지 않는 벽이 가로놓여 있음을 느꼈다. 상급자가 나이 적은 경우가 많아 서로 처신하기가 어려웠다. 입사 동기 중에는 대학 후배도 여럿 있었다. 동기회에서 만나면 그들이 내게 맞먹고 반말할 때 자존심이 무척 상했다. 선배이자 연상인 내가 왜 그런 대접을 받아야 되나 싶었다. 직급에 비해 많은 나이를 의식함은 근무의 장애요인이 될 뿐 도움이 되지 않는다. 조직의 목표 앞에 나이란 중요한 것이 아닌데 나는 그것에 집착하며 살았다. 그렇게 마음고생만 되풀이하다 퇴직한 것이 가슴 한구석 아쉬움으로 남아 있다.

누구나 같은 값이면 다홍치마라고 이왕이면 남보다 나이가 많으면 좋다고 생각한다. 우리나라는 실제 나이와 호적 나이가 다르다는 사람이 왜 이리 많을까. 전자가 적다는 사람은 극소수이고 많다는 쪽이 대다수다. 그것을 가볍게 얘기하다 마는 사람이 있는가 하면 톤을 높이고 소리치는 사람도 있다. 마치 막 태어났을 때부터 지각이 있어 출생일을 기억하고 있는 듯이 말할 때는 어이가 없어 할 말을 잊는다. 증명할 수 없는 사실을 확신에 차 강변하는 사람들과 논리를 따져 싸울 수도 없다. 그것은 공문서의 존재를 부인하고 인간관계의 질서를 허무는 일이다. 저마다 그것을 외치고 다닌다면 우리 사회는 극심한 혼란에서 헤어나지 못할 것이다. 일일이 만나는 사람마다 주장할 게 아니라 주민등록증을 고치면 간단한 일인데 그렇게는 안 한다. 그것이 쉬운 일이 아닐뿐더러 직장 근무연수에는 불리하기 때문이다.

나이가 남보다 많다는 것은 남보다 앞선 시대를 살았다는 것이다. 그전 시대가 후 시대보다 낫고 못하고는 문제가 되지 않는다. 먼저 태어난 만큼 인생에 대해서 조금이라도 더 잘 알지 않겠냐는 관념이 크게 작용하는 것이다. 그런 점에서 먼저 태어난 사람은 다 선생이다. 선생은 후생에게 뭔가를 가르칠 위치에 있는 존재라고 여기는 것이다.

사회의 크고 작은 반목과 다툼에 분명 나이도 한 몫을 차지한다. 범죄의 유형으로 따져 보면 여자와 금전이 원인이 되는 경우가 많은데 나이 또한 그에 뒤지지 않을 것이다. 나이 적은 놈이 건방지게 굴고 반말한다고, 반대로 나이 좀 많다고 적은 나를 무시하고 깔본다는 어찌 보면 하찮은 이유 하나로 타인을 증오하고 칼부림을 하고 사람을 살상하는 뉴스를 심심찮게 보고 듣는다. 인간은 가슴 한구석 지울 수 없는 나이 콤플렉스가 복병처럼 숨어 있는 것이다.

예전에 김웅용이란 천재소년이 있었다. 천 년에 한 번 나올까 말까한 천재로 IQ가 200이 넘는다고 했다. 전 교과정을 검정고시로 통과하고 초등학생의 나이에 대학생이 된 인물이다. 하지만 뛰어난 천재성에 비해 그는 그다지 성공하지 못했다. 집단교육의 문제점이 있겠지만 나는 무엇보다 나이가 장애요인이 아니었을까 생각한다. 우리나라는 대기만성은 권장하지만 조숙한 경쟁자는 싫어한다. 아무리 재주와 능력이 뛰어나도 밀어주기는커녕 끌어내린다. 한참 어린 사람이 나이 많은 사람보다 잘나고 위에 있는 꼴을 못 보는 것이다. 그가 아마 외국에 태어났으면 틀림없이 재능을 떨치고 큰 인물이 됐을 것이라는 안타까움이 남는다.

나이 먹고 현역으로 일하는 것이 젊은이들의 일자리를 빼앗아 미안한 점이 있지만 꼭 나쁜 것만은 아니다. 아무래도 기력이 약해 남의 눈에 활기가 없고 초라해 보일 수 있다. 하지만 자식에게 손 안 벌리고 제 용돈 벌어 쓰니 떳떳하고 보람이 있다. 서비스업계에서 일할 때 손님에게 좀 불친절하고 투박하고 언행이 미숙해도 대부분 이해하고 격려까지 해 주는 분위기를 보았다. 자랑스러운 유교 신봉주의 나라 대한민국에서 태어난 덕분이랄까.

나이 들어 추한 모습을 보이지 않았으면 싶다. 이제 전성기 지난 길목에 이르렀다면 다음 세대에 길을 터주고 인도해야 하지 않을까. 돈을 비롯한 물질, 명예, 옷, 집을 향한 집착을 거두고 마음을 비워야 한다. 욕망의 키를 낮추고 그 몸피를 줄여야 한다. 긴 세월 동안 체득한 인생의 노하우를 전수해 주면 더욱 좋다. 더 나아가 이타적이고 공익적인 일을 하면 어떨까. 세상에서 방황하고 미숙한 젊은 사람들에게 멘토 역할을 해 주는 것이다.

다만 건강하게 오래 살려는 욕망만은 비난하지 말자. 그것은 누구나의 본능이고 인지상정이면서 다른 사람의 거울이 될 바람직한 일이니까. 나이가 디딤돌이 아닌 걸림돌이 되어 버린 사회를 보고 무언가 허전하고 아쉬운 느낌이 드는 것은 나만의 생각일까.

길지 않은 인생이지만 사는 동안 나잇값은 충분히 하는

사람으로 기억되었으면 하는 작은 소망으로 오늘을 살아가고 있다.

이름 이야기

　虎死留皮 人死留名. 호랑이는 죽어서 가죽을 남기고 사람은 죽어서 이름을 남긴다.

　인간은 살아 있을 때도 그렇지만 죽어서는 더욱 이름으로 기억된다. 성별, 나이, 생몰 연도, 생전의 부나 명예, 신분 따위는 그다음이다. 그 사람을 기억하는 것으로 사진이나 유품, 저장된 음성 등이 있겠지만 아무래도 시간적, 공간적인 제약을 받는다. 이름을 대야 그때부터 그에 대한 이야기가 줄줄이 나온다. 소설이나 영화의 제목을 꺼내야 스토리가 누에고치처럼 펼쳐지듯이 말이다. 이름은 바로 그 사람 자신이며 모든 인간관계의 출발점이 된다.

　어느 나라는 성명학이 발달하여 관상, 수상手相, 사주 못지않게 운명을 점치는 분야의 하나로 인정받는다고 한다. 절대 문외한인 나로서 그것을 거론함은 만부당한 일이고 이름에 얽힌 이야기와 느낌을 생각나는 대로 적어보고자 할 따름이다.

　내 이름은 '기순'으로 구슬 기琪, 순박할 순淳 자를 쓴다. 남자 아닌 여자 이름 같고 뭔가 기운이 빠진 듯한 생각이 든다. 내 동생과 사촌들은 태순, 당순 등 당당하고 힘찬 뜻이 있으나 나만은 그렇지 않았다. 한때 내 이름을 지어 준 분을 은근히 원망해보기도 했다. 어렸을 때부터 내가 잔병치레를 많이 하자 나 이상 고통을 겪으신 건 어머니이셨다. 나쁜 이름에 온통 화살을 돌리고 나날이 한숨과 푸념을 내쉬었다. 25살쯤의 어느 날 당신은 개명한 이름을 하나 작명소에서 지어 왔는데 원재元載였다. 그게 얼마나 좋은지 알 길이 없고 고친 이름으로 살아간다는 것도 선뜻 내키지 않았다. 이름 하나로 운명이 바뀐다면 세상천지에 팔자가 나쁜 사람은 없을 것 아닌가. 중년까지 크고 작은 어려움을 치러 왔지만 요즘의 내 삶은 생활이 안정되고 만족할 만한 수준에 이르렀다. 보기보다 잘 지은 이름이라는 믿음으로 살아가고 있다. 정말 이름만으로 남잔지 여잔지 구별하지 못하는 경우가 많다. 정근, 명호, 화식이라는 여자 이름이 있는가 하면 성희,

명옥, 영순 등의 남자 이름도 많다. 박정희와 육영수가 결혼할 때 주례가 신랑 신부를 바꿔 불러 식장을 온통 웃음바다로 만들었다는 일화도 들었다.

딸 이름은 신혜다. 믿음과 은혜로 살라는 뜻에서 지었는데 본인도 만족스럽게 여기고 있다. 배우 이름과 같고 시냇물이 연상되니 좋다는 것이다. 이모와는 앞뒤가 바뀐 이름인데 그래서인지 둘이 쌍둥이처럼 잘 어울려 다닌다.

아들 이름은 광모다. 빛나는 모범이 되라는 뜻으로 지었는데 잊지 못할 사연이 하나 있다. 증손자를 끔찍이 사랑한 우리 외할머니께서 빛나는 호랑이(호랑이띠)로 살아가라고 '光寅'을 권했고 어른 말씀에 순종한다고 덜컥 그렇게 출생 신고를 해 버렸다. 이름이란 무엇보다 발음이 중요하다. 뜻이 아무리 훌륭해도 발음이 나쁘면 그것은 결코 좋은 이름이 될 수가 없다. 듣기 안 좋은 그 이름은 두고두고 주위에서 놀림감 될 것이 자명했다. 늦기 전 아기 때 개명 신청을 하고 고쳤다.

우리 애들 이름은 내가 직접 지어 줬다. 책에서 보고 어디서 들은풍월로 작명한 것이다. 성명학의 논리대로라면 내 붓끝이 가는 작명 하나로 애들의 운명을 좌지우지한 것이었다. 둘 다 남부럽지 않은 공무원으로서 자부심 갖고 일하는 것을 바라보곤 작명한 아버지로서 가슴 뿌듯한 보람을 느낀다.

은행에서 근무할 때 일이다. 주거래처의 대표이사 부인 이름이 하필 쌍숙이었다. 욕설 같고 성까지 벽성이라 눈에 확 띄고 쉽게 잊힐 수 있는 이름이 아니었다. 회사 직원이 그 이름으로 잔액증명 발급을 신청했는데 요구 조건을 하나 달았다. 예금주 명의를 꼭 한자로 명기해 달라는 것이었다. ○雙淑이라고 쓰니 발음은 똑같지만 시각적으로 그다지 흉해 보이지 않았다. 사회적 지위 있는 중년부인이 왜 그런 사나운 이름을 안 바꾸고 살아왔는지 의문이다. 오히려 그런 이름이 복과 재산을 불러온다는 믿음을 가져서일까.

역시 지점에서 근무할 때 얘기다. 주담당인 수신 외에 신용카드 연체 관리까지 맡았는데 아주 골치 아픈 업무였다. 결제일 며칠 지나 연체 현황을 출력하면 부지기수로 많은 연체자가 나왔다. 바빠 잊은 사람들은 며칠 내 갚지만 개중엔 고질적이고 상습적으로 미루는 사람도 있었다. 전화로 조기에 입금해 달라고 독촉하고 연락 안 되면 다시 전화하고 주소지로 최고장도 띄우는 일이었다. 모질고 독해야 감당할 수 있는 피를 말리는 업무였다. 부실 채권을 최대한 줄이기 위해 온갖 악다구니를 치는 총알만 없는 전쟁터였다.

내가 담당한 연체자 중 50대 한 사람이 지점을 찾아왔다. 팍삭 늙어 10년은 더 나이 들어 보이는 얼굴이었다. 입금하려고 온 게 아니라 사정을 설명하고 하소연하기 위함이었다. 집안 내력을 밝히는데 100% 진실인지는 알 수 없으나 꽤 흥미로웠다. 아버지가 팔순인데 재취해 들어온 새어머니가 자기와 나이 차가 별로 안 난다고 했다. 월남한 뒤 자수성가해 돈도 억수로 많이 벌어났단다. 아들이 사업 좀 하다 말아먹고 빚을 졌으나 아예 도와주지 않아 죽겠다는데 그게 다 새어머니의 베갯밑공사 때문이란다. 아버지가 세상 뜨면 재산을 한 푼도 못 물려받을까 봐 걱정이 태산이란다. 그렇게 신세타령을 한바탕 늘어놓곤 되도록 빠른 시일 내 갚겠다는 의례적인 말을 던지고 가 버렸다. 그가 간 다음 이름을 봤더니 황금배였다. 현실과 너무나 동떨어진 이름을 발견하고 한참 실소하고 말았던 일이 있었다. 살아 있다면 그가 현재 어떤 운명에 놓여 있을지 궁금하기 짝이 없다.

세상에 참 희한한 이름도 많다. 이름은 그 주인을 대변하는 것이기에 성과 함께 부르기 쉬운 것은 물론 뜻이 좋고 그의 복을 빌어 주는 의미로 지어 줘야 마땅할 것 같은데 실제는 그렇지 않은 경우가 많다. 상식적으로 납득이 안 가거나 어감이 나쁜 이름이 주위에 많은 것이다. 하지만 이름의 주인이 이름을 지배해야지 이름에 인간이 휘둘려서는 안 될 일이다. 보이지 않는 운명을 바꾸듯 노력을 다해야 할 것이다.

성기라는 이름은 가끔 본다. 유명 배우의 이름이고 다른 이름난 인사 중에도 더러 있어 그다지 거부감을 못 느낀다. 그런데 고환이란 이름을 본 적이 있다. 남자인데 속으로 여씨가 아니길 천만다행이라고 생각했다. 대학 다닐 때 이름자에 검을 흑黑 자를 넣은 친구도 있었다. 작명가의 깊은 속

뜻은 모르겠으나 남에게 좋은 인상을 못 줄 것이라는 생각이 든다. 외자가 아닌 두 글자 이름을 원원처럼 같은 말로 지은 것도 보았다. 금영, 또는 금련이라 하면 여자 이름으로 괜찮아 보인다. 한데 성이 주씨면 좀 그렇다. 오믿음이란 이름의 젊은이도 만나 봤는데 교회에 다니고 있는지 물어보지 못 했다. 군대에 있을 때 졸병의 이름이 폰식이었다. 정말 별난 이름인데 그때 이름의 연유를 물어봤지만 속 시원한 대답을 들어보지 못했다. 이름은 자기가 짓는 것이 아니기 때문에 무슨 뜻으로 지었는지 모르는 경우가 많이 있다. 마치 우리 인생의 앞날처럼 말이다. 요즘 국제화 시대라 영어나 외국어로 이름을 짓기도 한다. 린네라고 하면 뭔가 세련되고 멋들어진 이름으로 여겨진다. 하지만 성이 구씨나 지씨라면 매우 곤란하다.

　동공이란 이름을 가진 사람을 보았다. 한자로는 알 수 없지만 동공은 눈동자 아닌가. 만나보지 않았지만 그의 눈동자에 무언가 특징이 있을 것 같아 무척 궁금하다.

　이름이 친구인 사람도 있다. 그의 인간관계는 나쁠 수가 없을 것이다. 주위의 사람들이 친구로 불러주고 친구가 되니 말이다. 성이 이씨면 더할 나위가 없다.

장식이란 이름을 가진 사람이 있다. 이 사람의 직업은 무엇일까. 실내를 장식해 주는 사람, 즉 도배업자이다. 성까지 신씨였으니 새로 집을 꾸며 주는 직업에 딱 맞는다. 작명가의 천리안에 놀라울 따름이다.

백건우. 그는 누구나 알다시피 유명한 피아니스트다. 다른 악기가 아닌 피아노 전공의 음악가가 된 것은 이름에서 이미 예언된 것이 아닐까 싶다. '백 ·건 ·우'는 하얀 건반을 치는 친구로 풀이되니까 말이다.

주현신. 언뜻 교회 다니고 하나님을 믿는 사람이라는 생각이 든다. 맞다. 그는 어느 교회의 담임목사다. 가명이 아니라면 어찌 이리 절묘할 수 있을까. 주님이 내게 현신한 사람이란 풀이가 나온다.

김한수, 김두수, 김세수. 형제들 이름 같은 세 사람이 있다. 이한범, 이이범, 이삼범. 역시 형제지간 같은 세 명이 모이면 범이 6마리가 된다. 주변의 아는 이름들을 끌어모은 것이 아니다. 이 여섯 명에게는 하나의 공통점이 있다. 모두 같은 해에 입학한 대학 동기라는 사실이다. 여러 사람이 동창회에서 만나면 이들은 약방의 감초처럼 빠지지 않는 화제의 메뉴로 등장한다.

직장에 다닐 때 상사 중에 외륜이란 이름을 가진 이가 있었다. 규정에 벗어난 지시를 자주 내려 하급자를 괴롭히기를 일삼았다. 성질이 무른 나도 밉보이면 신상에 해로울까 봐 그의 부당지시를 거절하지 못한 적이 몇 번 있었다. 본부의 정기 감사에서 적발돼 함께 견책을 받았다. 그는 그럼에도 비리와 잘못을 멈추지 않았다. 위규와 편법이 통하던 시절이었으나 언제까지 적당주의를 눈감아 주는 일이 지속될 수는 없었다. 계속 욕심을 부리고 무리한 일을 벌이던 그는 급기야 외환관리법 등의 죄목으로 감옥까지 가고 말았다. 이름의 한자가 하필 '外倫'이었으니 도덕과 윤리에 어긋나는 행동을 하는 사람이 되었나 싶다.

고향 문인 중에 용서라는 이름을 가진 이가 있었다. 그곳의 문인협회는 지자체의 지원을 받아 이런저런 행사를 개최

하곤 했다. 그는 문협의 총무직을 맡았는데 사회를 보고 행사를 진행할 때 작가 명을 틀리게 말하는 등 가끔 실수를 했다. 옆에서 지적해 주면 나이 먹어 깜박깜박한다며 용서를 구한다. 용서가 용서를 비니 사람들은 웃으며 이해해 준다.

내가 그 때문에 얼마 전 몹시 서운한 일을 겪었다. 고향에 있는 사촌형이 내게 전화해 문협에서 들은 얘기를 전달해 준 일이 있었다. 아버지를 기리는 문학상을 제정하려는데 유족의 동의가 필요하다고 했다. 상금은 전혀 없으니 부담이 없을 것이고 아버지의 업적을 살리기 위한 취지라고 했다. 뜻은 좋지만 나는 내키지 않았다. 아버지 돌아가신 지 30년이 훌쩍 지났고 누가 상금이 없는 문학상에 응모하겠으며 이문구 씨처럼 저명한 작가도 아니기에 문학상을 만들 필요성을 느끼지 못했다. 하지만 나는 그에게 거절의 전화를 하지 않았다. 하면 나를 설득시키려는 감언이설에 시달릴 것 같았다. 답신이 없으면 안 하는 것으로 알고 포기하겠지, 단순하게 생각했다. 문인협회를 처음 창립할 때 휴가 내고 찾아가 둘이 남들이 알아주지 않는 일을 열심히 한다는 감동으로 30만 원을 기부했었다. 그 뒤로 둘은 더욱 열정을 다해 여러 가지 일을 추진하는 활동을 벌였다. 처음에는 사심 없이 하는 줄 알았으나 시간이 흐를수록 어떤 영웅심과 사명감에 들뜨고 뭔가 바라는 것으로 비쳤다. 심심찮게 카톡과 전화로 시간을 내 내려올 수 없냐는 등 나를 끌어들이려고 애썼다. 3개월쯤 뒤에 사촌형이 문자로 나를 힐책했다. 그가 또 사촌형에게 전화해 동의 여부를 확인했다고 한다. 아니 문인이면 지식인이고 사리에 밝을 텐데 그게 무슨 경우냐. 최종적인 결정권은 당사자에게 있으니 내게 해야지 제3자에게 재촉하듯 한 것이 어이가 없었다. 사촌형에게 너무나 죄송하다고 단단히 사과했다. 그리고 그에게 전화해 때늦은 거절 의사를 밝혔다. 처음부터 내게 했어야 하지 않느냐고 따지자 그는 뭐라고 둔사를 늘어놓았으나 납득할 수 있는 대답이 아니었다. 뭐 어쨌거나 애초 그를 피한 내 우유부단함을 탓할지언정 '용서'라는 사람을 탓하고 말고 할 필요는 없겠다. 그는 어떤 잘못을 하든 용서받을 것이니.

  사람의 성명 아닌 이름도 잠깐 언급해본다.

평택: 평택에는 미군기지가 있다. 많은 도시 중에 왜 그곳으로 정했을까. 평화를 선택한 곳이라 그런가.

서울: 서울은 일설에 설울에서 비롯된 말로 부르기 쉽게 서울로 바뀌었다는 순우리말이라고 전해진다. 굳이 한자로 쓴다면 '西盍'이 어떨까. 우리나라 서쪽이 인구가 많아 답답한 곳이니까.

원서회: 내 처가가 원씨라 동서, 처제들이 만나는 모임을 만들고 맏동서인 내가 회장이 되어 이름을 지었다. 원씨의 사위들 모임이란 뜻에서 지은 이름이다.

OB산악회: OB맥주 회사원 모임이 아니다. 'old boy', 즉 졸업생의 약자로 대학교 산악회의 이름이다. 그런데 직역 그대로 나이 많은 회원들이 대다수였다. 젊은 회원들은 이상히 잘 들어오지를 않았다. 최고령자가 80세가 넘고 70대가 가장 많으며 60대 후반인 나는 막내 축에 낀다. 젊은 회원들이 많이 늘게 되면 이름을 바꿔야 하나. 아니 이름을 바꾸면 그들이 많이 들어올까.

삼총회: 고등학교 친구들끼리 다니는 산악회를 결성하고

내가 이름을 짓고 회칙을 정했다. 석 삼三, 모두 총總 자를 썼다. 자연과 인간과 우정이 삼위일체를 이루는 산악회란 뜻이다. 자연과 인간의 교감 속에서 우러나오는 순수한 우정을 가꾸자고 했다. 산에 오르는 것은 등산이 아니고 산행이고 산행은 경쟁이 아닌 동행임을 거듭 강조했다. 요즘 다른 모임에서 부러워할 만큼 일취월장하고 있어 나는 흐뭇한 보람을 느끼곤 한다.

사람은 일생 살아가는 동안 이름값은 단단히 하고 세상을 떠나야겠다고 생각한다.
마지막으로 내 이름의 한자를 풀어볼까.
崔琪淳은 山산 佳추 玉옥 其기 水수 享향이다.
산에 새가 나니 구슬 같은 그 새는 물가에서 자연을 누린다.

과천에 살리라

서울서 버스를 타고 남태령에 오를 때면 맑고 시원한 공기가 폐부를 찌른다. 그럴 때마다 잔잔한 희열을 느낀다. 지하철로 와 과천역의 지상으로 올라설 때도 마찬가지다.

부모님이 신혼의 보금자리로 정해 주신 과천에 1984년부터 살기 시작했다. 내가 선택한 곳이 아니었지만 그때부터 과천은 내게 제2의 고향이 되었다. 뿌리칠 수 없는 운명처럼 그것은 줄곧 내 인생을 지배하는 커다란 존재로 자리매김하였다.

35㎢의 면적에 인구 약 6만의 과천은 경기도의 작은 도시다. 대부분이 그린벨트로 묶여 있고 주거 형태의 아파트다. 전원도시이면서 베드 시티란 이름으로 불리기도 한다. 도시도 농촌도 아닌 어정쩡한 곳이면서 양쪽의 장점을 고루 갖춘 곳이 바로 과천이다.

지난 30여 년간 과천은 많이 변했다. 시 승격과 함께 서울 전화로 편입되었고 수도권 전철이 개통되었으며 강남 못잖은 부동산 광풍이 불어 아파트 값이 천정부지로 치솟았다. 그러나 정부청사가 세종시로 이전함에 따라 지역 경제가 침체되었다. 최근 재건축의 호재로 부동산 시세가 다시 상승 일로에 있다. 동시다발로 이뤄진 재건축의 진행으로 시 곳곳에 도시 공동화 현상이 나타났다. 건물 잔해가 사방에 널브러져 있고 사위는 어두운데 불빛 한 줄기 없는 폐허는 흡사 폭격 맞은 마을을 연상케 했다. 새롭게 단장될 아파트를 맞이하기 위한 통과의례이겠지만 그 순간만은 내 살을 도려낸 듯 가슴이 저려 왔다.

극장, 예식장, 숙박업소가 사라지고, 건축 중인 병원 등이 중지된 이후 과천은 문화, 복지 시설의 미비로 시민들이 불편을 겪고 있다. 하지만 녹지가 많고 도로가 잘 정비되었으며 시민의식이 성숙한 과천은 여전히 언제까지나 살고 싶은 쾌적하고 안전한 도시임에 틀림이 없다.

과천에 한번 정착하면 떠나기 싫어하고 떠난 사람들은 다시 오고 싶어 한다. 과천에 직장이 있는 사람들 또한 오래도록 있고 싶어 할 만큼 근무 여건이 편하고 좋은 곳으로 알려져 있다. 신혼 주거지의 영순위로 꼽히는 곳이 바로 과천이었다.

어머니는 아버지 돌아가신 뒤 재산을 정리하고 아들 따라 과천으로 이사 오셨다. 처제들도 셋이나 언니 뒤를 따라 과천으로 옮겨와 다들 크게 만족하며 살고 있다.

다른 여러 지역에 살아보지 않고 또 과천을 속속들이 모르면서 과천이 가장 낫다고 내세울 수 있을까? 과천을 기리고 사랑하는 데는 지금까지 보고 듣고 경험한 것만으로 충분한 이유가 되고 더 이상의 비교는 부질없는 시간 낭비일 뿐이다.

오랜 세월이 흐르는 동안 과천의 모습은 많이 바뀌었다. 하지만 한결같이 변하지 않는 것이 하나 있다. 그것은 과천을 둘러싼 자연환경이다. 과천같이 작은 도시에 큰 산을 둘씩이나 끼고 있음은 천혜의 행운이 아닐 수 없다. 인간이 물질만으로 살 수 없듯이 도시 또한 문명만으로 그 명맥을 유지할 수가 없다. 과천의 주변 환경은 보이지 않지만 과천에 결핍된 것들을 끊임없이 생산하고 선사해 준다. 맑은 공기, 깨끗한 물, 우뚝 솟은 산의 기상, 그리고 계절 따라 피고 지는 꽃과 나무, 지저귀는 새들에게서 약동하는 생명력을 배운다. 관악산과 청계산은 과천의 젖줄이자 과천을 영원히 지켜 주는 수호신과 같은 존재다.

과천에 처음 살았던 곳은 13평 아파트였다. 7.5평 아파트는 짝수라고 석유 보일러인데 우리 집은 연탄을 난방으로 썼다. 추운 겨울날 한밤에 깨어나 그것을 갈 때 나는 독한 냄새에 숨이 막히곤 했다. 두 애를 낳고 키우며 소담한 미래를 꿈꾸었다. 아들놈이 슈퍼맨 흉내로 놀이터 기구에서 뛰어내려 팔이 부러진 적도 있었다. 증손자를 돌봐 주시던 외할머니께서 고혈압으로 쓰러져 돌아가신 일은 내내 안타깝고 아픈 추억으로 남아 있다.

얼마 전 우리 가족은 남들이 이해 못할 삶의 대전환을 꾀했다. 수십 년간 살아온 아파트를 팔고 단독주택으로 이사 가기로 결정했다. 청계산 아래 구옥을 헐고 새집을 짓고 있는 중이다. 큰돈과 노력이 들어가는 벅찬 일이지만 우리는 주저하지 않았다. 진정한 삶의 질과 가치가 무엇인지 자문해 왔는데 그것이 바로 물음에 대한 답이었다. 작고 아담한 정원을 꾸미고 이웃과 어울리는 공간을 만들어 개방하려고 한다. 가까운 산으로 매일 산책 나가 자연과 더불어 영혼을 살찌우는 대화를 나눌 것이다.

과천을 돌아보며 부딪치는 사물들은 남다른 느낌으로 다가온다. 초라한 길섶의 풀 한 포기부터 잘 짜인 도심 거리의 빌딩들, 숲속과 양재천에 뛰노는 수많은 동물들까지 모두 정감이 가지 않는 것이 없다. 과천에 오래오래 살 것이라는 예감이 든다.

과천은 처음 만날 때부터 신선한 감동과 표현할 수 없는 매력을 주었고 그 모든 것들이 이제는 삶의 활력이 되었다. 무슨 어려움이라도 헤쳐 나갈 수 있을 것만 같다. 얼마 남지 않았을 여생의 작은 꿈과 행복을 잃지 않는 보금자리로 남기를 염원한다.

5월의 햇살이 오늘따라 눈부시다. 그것은 맑고 깨끗한 과천의 하늘을 가득 비춰 주고 있다.

과천을 2행시로 푼다면,

과천은

과연

천국이다.

코로나의 가르침

온 나라 아니 온 세계가 몸살을 앓는 중이다. 새해 들어 난데없이 발생한 코로나19 때문이다. 지역, 인종, 남녀노소, 종교를 가리지 않는 눈에 보이지도 않는 미물의 공격에 지구상 최고의 영장류가 속수무책 전전긍긍하고 있다.

초기 대수롭지 않게 여긴 코로나의 공격은 시간이 흐를수록 확산돼 심각한 사태에까지 이르렀다. 수많은 생명을 앗아갔고, 국가 사회적으로 커다란 혼란이 일었고, 경제에 엄청난 타격을 가했다. 무엇보다도 우려되는 건 그 미물의 정체를 밝혀 퇴치할 치료약과 사전 예방을 위한 백신을 아직까지 얻지 못하고 있는 것이다.

확진자, 자가격리, 사회적 거리두기, 기저질환 등등 처음 듣던 낯선 단어들이 지금은 친숙하리만큼 익숙하다. 어디 그뿐이랴. 많은 낯선 것들이 어느새 익숙해졌다. 마스크 구매 행렬, 출퇴근 풍경, 버스 지하철 거리 어디서든 표정을 알 수 없는 마스크 행렬, 실내 출입 시 체온을 재는 풍경, 시도 때도 없이 날아드는 재난 안전 문자 등등.

내가 과천의 진원지인 종교 건물의 가까이서 일하고 있을 때 집회 중 확진자가 발생했다. 곧바로 건물은 폐쇄되어 출입이 통제되니 주차장은 텅 비고 사람들도 자취를 감추었다. 혹시 감염될지 모른다는 무서움에 나는 떨었고 겨우 고비를 넘겼다.

검증되지 않은 치료법과 확인되지 않은 사실들이 전염병처럼 떠돌아다니며 정보와 상식에 어두운 사람들을 현혹하고 있다. 모두 불안과 공포에 사로잡혀 있다. 어쩌다 마주치는 사람들의 얼굴에는 불신과 혐오의 눈빛이 잔뜩 서려 있다.

뉴스는 시시각각으로 확진자와 사망자와 완치자를 알리고 있다. 그것은 마치 매일 부상자와 전사자를 알리는 전황戰況판처럼 숨 가쁜 정황을 드러낸다. 이제부터 시작이고 끝이 보이지 않는 터널 속을 지나고 있다는 암담함에 우리들 가슴은 촛불처럼 타들어 간다.

　이전의 바이러스보다 전파력과 독성이 훨씬 강하고 치료약과 백신의 개발이 요원하다는 우울한 소식이 들린다. 잘난 선진국에서 우리보다 큰 피해를 입는 것에 놀라워하고 발 빠르게 대처하고 협조하는 우리나라 국민을 보곤 자부심을 느낀다.

　이 혼돈스러운 와중에 사재기로 한몫 챙기려는 상혼을 보고 코로나 사태를 정치적으로 이용하려는 위정자들도 발견한다. 반면 환자 치료를 위해 희생을 아끼지 않는 의료진의 봉사와 다른 도움의 손길을 펴는 이들의 미담을 들을 때는 가슴이 따듯해지고 치유의 희망을 엿본다.

　대면접촉을 피하고 다중이용시설의 출입을 제한 또는 금지하고 동창회, 산악회 등의 각종 모임을 취소시키는 일련의 조치가 내려졌다. 사회 공동화空洞化 현상이요, 국가적 멘붕이 아닐 수 없다. 급기야 올림픽까지 연기되고 그 피해액은 천문학적 숫자에 이른다고 한다. 현대사를 코로나 이전과 이후로 구분하자는 말도 나왔다. 또 코로나 발생으로 지

코로나의 가르침　**165**

구 환경은 오히려 깨끗해졌다는 웃지 못할 호들갑까지 전해 온다.

우리는 이제 타율적인 인간관계의 단절로 집에 갇힌 몸이 되었다. 코로나가 끼친 느닷없는 고통과 불편은 말할 수 없이 크다. 느닷없는 일상의 변화는 고통과 불안이다. 하지만 반면교사의 깨달음을 주기도 한다. 인간의 오만과 방종에 대한 준엄한 채찍이라는 깨달음을 말이다.

진부한 말이지만 건강의 소중함을 느낀다. 생명의 바로미터인 건강이 무엇보다 중요함을 모르는 사람이 없지만 실천이 따르지 않으니 그것이 문제다. 이제라도 식생활을 개선하고 운동량을 늘리고 술, 담배를 끊는 등 그릇된 생활 패턴을 바꿔야겠다. 젊다고 과신하지 말고 나이 들어서도 항상 조심하는 길밖에 없다.

또 외로움과 고독을 이겨내고 즐길 줄 알아야 한다고 가르친다. 인간은 혼자 태어나 혼자 죽는다. 가끔은 외롭게 살아가는 법을 익혀야 하지 않을까. 이 좋은 기회에 외로움을 연습해 두자는 것이다. 언젠가 닥칠 외로움의 홍수와 그로 인한 불행의 무게를 감당할 수 있도록 예습해 놓으면 어떨까. 현대인은 군중 속에서도 고독을 느낀다고 하니 혼자서의 고독은 자연스러운 현상이다. 외로움을 마음뿐만 아니라 온몸으로 참고 견디는 법을 스스로 깨우쳐야 한다.

  나의 내면을 들여다본다. 일상의 분류에 휩싸여 우리는 인간관계와 성공, 목표 등 외부 대상에 대한 관심은 크지만 정작 그 주체인 자기 자신에 대한 정의는 외면하고 있다. 내가 악한 인간인가 선한 사람인가. 내 장단점은 제대로 알고 있는가. 내가 나를 성실하고 좋은 사람으로 규정짓고 있지만 남이 나를 보는 시선과 일치하는지 헤아려 본 적은 없는가. 욕망의 밧줄을 부여잡고 한없이 위로 오르려고 하지는 않았는가. 인생에서 지키거나 추구해야 할 가치 중 물질만을 우선순위로 놓고 안간힘을 쓰며 살아오지는 않았는가. 거울을 통해 제 얼굴을 볼 수 있듯이 남이 나를 더 잘 알 것이다. 하지만 인간은 누구나 자존심과 이기적 본성, 그리고 방어본능이 있어 남의 옳은 평가를 두려워하고 부정한다. 또한 타인은 나의 외피만을 볼 뿐 내 깊숙한 내면을 아는 것은 오롯이 자기 자신이다.

　자아성찰의 가장 좋은 도구는 독서와 명상이다. 우리는 독서로써 정신의 목마름을 축이고, 명상으로써 영혼의 허기짐을 채운다. 역사에 이름을 남긴 위인과 철학자들, 가까이로는 말년에 통나무집을 짓고 산 미국의 《월든》 소로처럼 독서와 명상을 통해 내 존재에 물음을 던지고 바른 나를 찾아가는 노력을 기울인다. 때로는 거기서 배운 바를 사회에 구현하는 길을 찾아본다.

　집 뒤의 낮은 산을 거닐어 본다. 맑은 공기를 한 줌 들이켜고 고개를 들어 푸른 하늘을 바라본다. 산책하며 하는 사색은 머리를 명징하게 한다. 머리가 맑아지고 가벼워지는 대신 가슴은 기쁨과 행복으로 충만해진다. 날아오를 것같이 몸과 마음이 가볍다.

　코로나는 언제쯤 물러나려나. 그동안 못 만났던 사람들이 불현듯 보고 싶다. 이제 벚꽃은 지고 곧 철쭉이 피겠지. 꽃길을 함께 걸으며 오래 미뤄 온 담소를 나눠 보고 싶다. 코로나는 까맣게 잊고.

5부

사색의 길목에서

- 산을 거닐며
- 사랑이란 이름은
- 산행 예찬
- 이 가을을 보내는 뜻은
- 나이 들면 보이는 것들

산을 거닐며

 바람은 공기의 이동이라고 단순히 과학적으로 표현한다면 바람에 대한 결례이다. 바람에는 그리 간단한 의미만 있는 게 아니다. 특히 산에서 맞는 바람은 더 그렇다. 산마루를 올라 맞는 바람은 산의 숨결이요 생명수다. 나는 일상에 지치거나 관계에 상처를 받거나 생의 의욕이 소진할 때 산을 찾는다. 산에 오르면 산을 이루는 온갖 생명들이 나를 응원한다. 산 아래에서 얼룩진 욕망과 고단한 삶에 지친 내 영혼을 부드러운 손길로 위무한다.

 나는 산에 오를 때마다 경탄한다. 씨앗 하나로 번졌을 나무들이 숲을 이루고 그 숲에는 온갖 생명들이 한 생애를 살며 끝없이 새로운 생명을 만들어낼 것이다. 생명의 근원은 어디이고 그 생명의 존재 의미는 또한 무엇일까. 생명 있는 것들만이 아니다. 돌과 바위와 물과 바람도 그저 존재하는 것은 아닐 것이다. 조물주가 자연을 빚은 의도를 무지한 인간인 내가 어찌 알 수 있을까마는 산에 자주 올라 곰곰이 헤아려 보라는 신의 뜻일 게다.

 동네 뒷산으로 20분 워밍업 정도의 산책을 다녀왔다. 산에 머문 시간은 중요하지 않다. 산에 가고 안 갔느냐의 사실이 중요하다. 산의 정신, 산의 영혼과 얼마나 교감했느냐가 산행의 본질이다. 산은 우리 인간 존재의 뿌리다. 산에 꾸준히 가는 습관을 게을리하지 말자. 우리 삶의 고양을 위하여!

 산의 품에만 들면 왜 이리 맘이 편한지 모르겠다. 언젠가 들어설 곳이기에 끊임없이 몸에 익히기 위한 연습을 하는 것인가. 산에 올라서니 빗방울이 하나둘씩 떨어지기 시작했다. 미처 우산을 가져오지 못한 나는 고스란히 맞으며 산을 올랐다. 봄비였다. 조용히 내리는 비가 내 가슴을 휘저었다. 얼어붙은 대지와 메마른 우듬지를 촉촉이 적시며 봄이 왔음을 알리고 새 생명의 소생을 일깨우누나. 아직 혼곤한 잠에서 깨어나지 못한 인간의 의식을 일으키누나. 젊은 시절 나는 너만 보면 사랑하는 연인을 만나듯 미친 듯이 달려가 너를 꼭 껴안곤 했었지. 지금 나이 들어 감성은 죽고 세파에 시달린다고 너에게 무심했구나.

산에서 맞는 비는 내게 언제나 특별한 감동으로 다가온다.

이젠 평범한 일상의 한 부분이 되어버렸지만 가슴에 울리는 공명은 언제나 경이롭다. 그래, 나는 산에 찾아간 것이 아니다. 마른 낙엽, 살랑대는 바람, 계절 따라 모양과 색이 변해 가는 나무들에게서 자연의 맑은 영혼을 발견하러 가는 것이다. 모두 말 없는 지상의 존재지만 산은 인간의 훌륭한 말 이상의 교훈과 계시를 주고 깨달음을 안긴다. 묵언 수행하는 고승이 불립문자의 도를 깨우치는 것과 견주어 볼까. 세속에서 어지럽고 흐트러진 내 정신이 절로 갈무리되고 마음에 평온이 찾아온다. 현실이 아무리 괴롭고 슬프더라도 나는 이겨낼 수 있다.

아, 나는 산을 경배하러 왔다. 산에 간 것이 아니라 산의 품에 안기러 온 것이다. 무엇을 보고 무엇을 만났나. 내 몸을 건강하게 해 주는 맑은 공기, 어머니의 사랑 같은 보드라운 흙, 내 마음을 정화하는 고요한 풍경, 생의 윤회를 가르치는 낙엽, 인간을 위해 외곬으로 희생하는 나무의 삶이 거기에 있었다. 고결한 산의 영혼과 늘 함께 살고 싶은데 현실은 그것을 허락하지 않는다.

웬만한 사물은 매일 반복되는 일상을 비롯해 매너리즘에 빠지고 싫증이 나곤 한다. 하지만 산은 결코 그런 법이 없다. 언제나 다가가고 싶은 마력 같은 끌림이 있다. 좁은 산길을 천천히 오르며 여리다 할 감성에 푹 젖어버렸다. 흙을 발로 딛고 걸을 게 아니라 그 위에 눕고 싶다. 세속의 희로애락과 오욕칠정 다 잊고 그 품에 안기고 싶다. 하루 24시간, 1년 365일 산에서 살 수는 없을까. 도시의 때가 묻은 영육이라 받아주지 않을까. 산속에 오두막 하나 짓고 자연과 더불어 사는 일은 정녕 꿈속에서만 가능한 일일까.

산은 우리 삶에 꼭 필요한 존재다. 첫째, 몸의 건강을 지켜 주고, 둘째, 마음의 안정을 선사해 준다.

우리는 산에 다니면서 흔히 어느 산이 좋고 어느 산은 나쁘다고 말한다. 이 산은 높고 험해서 싫고 저 산은 낮고 편편해 좋지만 산행이 짧아 안 좋다는 식으로 비교를 일삼는다. 산에 무슨 우열이 있을까. 좋고 나쁜 산이란 없다. 현재 이 순간 내 발로 걷고 나를 품에 안아 주는 산이 바로 좋은 산이다. 그러므로 세상에 나쁜 산이란 없고 산의 선악을 구분하려는 그릇된 생각만 있을 뿐이다. 악천후에 지독히 험한 산에서 큰 고난을 치렀다면 나름대로 값진 경험과 교훈을 얻기에 그것 또한 의미 있는 산이 되는 것이다.

산에서는 어느 것 하나 예사롭지 않다. 풀 한 포기, 돌 하나, 나무의 우듬지 하나, 작은 개울물의 흐름, 그 속의 벌레 한 마리, 무수한 낙엽의 쌓임, 이리저리 부는 바람 등 하찮아 보이지만 평범치 않은 그 무엇이 있다. 고요함과 평온 속에 유지되는 자연의 질서는 인간이 감히 범접할 수 없는 위엄을 드러내고 있다. 산은 말없이 생명의 존재가치를 일깨워 주는 고마운 자연이다.

산은 우주다. 무릎 꿇고 산에, 흙에 경배하고 싶은 충동이 인다. 아니 한 줄기 물이 되어, 한 줌의 바람이 되어 그 속으로 자취 없이 들어가고 싶다. 자연의 모든 생명력이 살아 숨쉬는 산은 우주의 한 부분이다. 삼라만상의 정연한 질서가 산속에 담겨 있다. 산은 인지가 아무리 발달하고 과학이 고도로 발전한다 해도 인간이 함부로 접근할 수 없는 위대한 존재다. 우리는 산 그리고 자연 앞에 항상 겸허하고 낮은 자세를 취해야 한다. 문명의 세계에서는 영원히 찾아볼 수 없는 인생과 생명의 진실이 그 속에 숨어 있는 것이다.

산에 들어설 때 가장 먼저 부딪치는 존재는 흙이다. 내게는 의문이 하나 있다. 흙이 왜 십장생의 하나에 들어가지 않는가. 산의 구성 요소는 흙, 물, 바위, 나무와 그 속에 서식하는 동식물 등 우리가 모르는 것들까지 많이 있을 것이다. 그 중의 으뜸으로 가장 중요하고 필요 불가결한 것이 흙이 아닐까. 우리가 산에 갔을 때 끊임없이 우리 몸과 밀착하여 떨어지지 않는 것이 바로 흙이다. 흙이 많은 산으로 다닐 때가 가장 기분이 좋다. 아니 대지의 근본이야말로 흙이다. 인간은 흙에서 태어나서 흙으로 돌아간다. 흙은 물과 더불어 모든 생명의 젖줄이다. 우리 몸을 지탱해 주는 쌀을 비롯한 많은 식품을 생산하는 존재가 바로 흙이다. 나는 흙을 모르고 사는 현대인은 불행하다고 생각한다. 돌과 철의 문명 속에서는 차갑고 메마르고 강퍅한 본성만이 싹튼다. 흙이 펼쳐진 자연 속에서는 한없이 부드럽고 따듯한 정감의 세계를 느낀다. 흙은 어머니다. 아무리 악하고 냉혹한 인간도 어머니 앞에서는 고개를 숙인다. 황량한 현대사회에서 병든 인간은 흙을 딛고 만지고 흙 내음을 맡을 때 그의 가슴은 맑아지고 병은 치유된다. 누군가 산과 멀어질수록 병원과 가까워지고 건강을 잃는다고 했는데 백번 옳은 말이다. 산과 멀어진다는 말은 곧 흙에서 멀어진다는 말과 같다. 흙을 가까이함은 내 근본을 잊지 않겠다는 뜻이다. 흙을 사랑함은 우리가 인간답게 살겠다는 뜻이다. 나는 오늘도 싱그러운 흙의 향기 속에서 가없는 행복감을 맛본다.

한바탕 폭우가 휘몰아치고 그친 어느 날 나는 산에 올랐다. 산은 물을 잔뜩 머금고 차분히 가라앉아 있었다. 큰비 온 뒤면 세간의 모습은 어수선하고 을씨년스럽지만 산은 오히려 청소를 막 끝낸 장판지 바른 한옥의 방 같았다. 산은 문득 내게 물었다, 무엇 때문에 나를 찾았느냐고. 나는 대답할 수 없었다, 나도 모를 일이었기에. 나는 할아버지 앞에서 무릎 꿇고 꾸지람 기다리는 아이처럼 다소곳한 기분이 됐다. 산은 말이 없었다. 나 스스로 깨달으라는 뜻인지도 모르겠다. 깨달을 때까지 산속에 있어야 할지도 모를 일이다.

사랑이란 이름은

 사랑. 사랑이란 말처럼 흔하고 추상적인 명사는 없다. 우리의 삶과 일상에서 가장 많이 입에 올리지만 정작 그것은 함부로 말하기 어려운 경건한 이름이 아닌가 한다.
 사랑은 천차만별로서 부모의 내리사랑, 친구 간의 우애, 사제 간의 사랑, 정치 사회 지도자가 강조하는 사랑, 종교에서 부르짖는 사랑, 그리고 남녀 간의 사랑이 있다. 이것들은 인간관계에서 비롯된 것이고 그 외로 크게는 자연을 향한 사랑, 국가를 향한 사랑, 고향에 쏟는 사랑 등이 있고 작게는 일과 취미 또는 재물을 구하는 사랑도 있을 수 있다. 어느 것이나 순수를 내포하지 않는 사랑은 진정한 사랑이 아니다. 세상은 말과 거짓만 내세우는 사랑은 많고 행동과 진실이 없는 사랑이 만연되어 있다.
 거창한 구호를 일삼는 사랑이 고요한 몸짓으로 나누는 사랑보다 참된 것처럼 보인다.

사람이 성장함에 따라 사랑의 의미는 변질된다. 순수는 때 묻고 낭만은 현실 앞에서 외면당한다. 국어적이고 윤리적인 사랑이 산술적이고 사회적인 사랑으로 탈바꿈한다. 그것은 아름다운 사랑과 추한 사랑, 다디단 사랑과 쓰라린 사랑, 정신적 사랑과 물질적 사랑의 교차이다. 위선과 거짓이 진실을 가장하듯이 참다운 사랑의 자리를 반목과 미움이 버젓이 차지하고 있다. 사랑이라는 미명 아래 저지르는 죄악도 적지 않다. 사랑의 이름으로 가하는 채찍질, 사랑의 이름으로 행하는 기만과 배신, 사랑의 가면을 쓰고 고통과 상처를 주는 일…. 사랑의 그늘 밑에 얼마나 많은 사람들이 희생되고 신음하고 있을까. 또 사랑에 기대어 고난과 험난한 삶을 인내하는 이들을 보라.

사랑은 때로는 축복이 넘치는 기쁨에 차 있을 때 저 멀리 비애의 미소가 손짓하는 눈물의 그림자다. 사랑은 그대와 나의 묵계로 다가서는 삶의 환희다.

사랑은 이해와 믿음을 뿌리로 하고 대상에의 관심이 가지가 되어 언젠가 그 열매를 맺는 한 그루의 나무다. 무관심은 증오보다 무섭다. 후자는 사랑의 다른 얼굴일 수 있지만, 전자는 사랑도 증오도 피지 않는 황량한 불모지이기 때문이다.

사랑은 생명의 마르지 않는 샘이요, 삶의 불변하는 이정표요, 일상을 영위함에 불가결한 무형의 값진 자산이다. 그것이 있는 한 우리는 인생이 아무리 괴롭더라도 희망을 가질 수 있고, 그것을 줌으로써 인간 본연의 모습을 확인하며, 그것을 받을 때 현실에서 좌절하지 않고 사회가 아직 어둡지 않음을 발견한다.

쉽게 사랑에 빠지는 것은 본능을 좇은 성급한 욕망일 수 있지만 그저 티 없는 순수한 사랑이라면 탓할 수 없다. 반대로 느긋이 여유를 부리는 사랑은 신중하고 분별 있는 듯 보이지만 달리 보면 영악한 이해타산을 숨긴 사랑일 수도 있다.

사랑은 정녕 사업, 학문 등 인생의 다른 부분과 동일선상에서 해석할 수 없는 그 무엇이 있다. 사랑은 선택과 결정이 아니라 느낌과 전율이다. 냉정한 이성이 아닌 뜨거운 가슴을 부여안는 것이다.

　사랑 외의 다른 세계가 얼음 같은 짙은 청색이라면 사랑은 불꽃처럼 뜨거운 붉은색이다. 전자는 메마른 사막이고 매서운 찬바람이요, 후자는 봄의 훈풍이고 이글거리는 태양이다. 이 거친 파도의 세상을 헤쳐 나감에 있어 찬바람과 햇빛 어느 쪽이 더 우리에게 필요할까.

　사랑처럼 모순된 명제가 없다. 사랑이 미움과 한 몸으로 엉켜 있는가 하면 밀고 당기고 순식간에 가까워지거나 멀어짐을 되풀이한다. 많은 말과 몸짓과 행위가 필요한 듯싶지만 한마디 말과 하나의 몸짓과 잠깐의 눈짓으로 이루어지는 것 또한 사랑이다.

　깊은 바다와 같은가 하면 얕은 냇물과 다름없을 때도 있다. 눈부신 장미꽃 같은 사랑이 있는 반면 초라한 들풀에 불과한 사랑이 있다. 마주 보는 사람을 사랑하는 것이 틀림없는데 다시 보면 사랑하지 않고, 실낱같은 관심도 없이 냉랭하지만 한 꺼풀 벗기니 짙은 연정이 숨어 있다.

　길고 긴 만남의 뒤에도 이루어지지 않는 사랑이 있는가 하면 짧은 순간 쉽게 사랑의 언덕으로 오르는 경우가 있다. 바위처럼 무거운 사랑이 있고 깃털처럼 가벼운 사랑이 있다. 넉넉한 애정이 넘치는 사랑이 있는가 하면 온통 냉혹에 찬 사랑이 있다. 수많은 밤을 지새우는 고통 속에서도 풀리지 않는 사랑이 있는가 하면 그저 잠깐의 어루만짐으로 녹아버리는 사랑이 있다.

사랑의 결론이나 완성은 결혼이다. 현대를 사는 대부분의 사람들은 그렇게 믿고 있다. 생명이 다하는 순간까지 한결같은 사랑으로 결혼을 이끌어 온 사람은 물론 인생의 성공자이다. 하지만 그렇지 못한 경우가 많은 것이 현실이다. 그 점에 있어 결혼은 인간이 만든 것 중 가장 낡고 오랜 관습이자 제도가 아닌가 싶다. 현인들이 일컫듯이 그것은 인류의 영속을 위해 불가결한 필요악일 수 있다. 볼품없는 인형에 그럴 듯이 화사한 옷을 입히고 쇼윈도에 전시한 것이 결혼의 진면목은 아닐까.

부족하기 짝이 없는 반쪽 인간이 서로 그 부분을 채워 주는 것이 결혼이다. 그런데 그 속내를 몰래 열어 보면 나의 이기적 욕망이 앞설 때가 있다. 상대방의 이익과 행복을 더 살피고 위해 주는 바람직한 부부가 얼마나 될까.

성격이 같을 수 없지만 그것은 자식에 쏟는 부모의 사랑이나 헐벗고 굶주린 이들을 향한 종교가의 사랑에 가까운 사랑이 되어야 하지 않을까. 그러기에 사랑의 실체와 진실이 중요한 것이지 결혼이란 외피는 한낱 그림자나 껍데기에 불과할 뿐이다.

자신은 벌거벗고 억판이 되어도 남에게 제 가진 물질을 다 베푸는 사랑이 가능할까. 고통은 치유하고 슬픔은 달래고 기쁨은 더욱 키워 주는 그런 사랑을 갈구할 수는 없을까.

사람과 사랑의 글자를 보자. 어감이 비슷하고 종성의 받침이 다르다. 모나고 미움이 많은 무정의 본성을 가진 사람을 둥글게 살아가는 유정의 인간으로 아름답게 가꾸는 것이 사랑이라고 굳이 풀이하고 싶다.

태초에 인간을 창조하고
그 안에 사랑을 심으신 하느님

그가 무지해 짓는 죄를
사랑으로써 벌하게 하소서
범람하는 악을 물리치고
사랑이 온 누리에 가득 찰 때
이 국가에 평화가
이 사회에 안정이
모든 가정에 화목이 오고
헐벗고 목마른 이들이
사랑을 되찾을 때
삶은 정녕 윤택하고 고귀할 것입니다
아 사랑, 그 위대한 이름이여!

산행 예찬

 산이란 인간에게 무엇일까. 단지 눈에 보이는 자연의 일부일까. 흙과 바위와 나무와 계곡 등이 결합된 우람한 형상에 불과할까. 산은 유형적으로 존재하는 삼라만상의 하나일 뿐 인간 사회와 동떨어져 있는 만큼 우리와 상관없는 걸까.
 옛사람들은 산을 신령스럽게 보았다. 등산, 등반이니 산의 정복이 어떻다고 산을 지배나 쟁취의 대상으로 삼는 것을 끔찍스럽게 금기시했다. 입산入山이라는 조심스러운 표현으로 산에 가는 것을 산의 품에 드는 것이라고 하였다. 일단 산에 들면 언행과 마음가짐에 근신하기를 강조하였다. 먼저 정갈한 마음을 가지고, 큰 소리로 말하거나 함부로 몸놀리는 행동거지를 불경스러운 짓으로 보았다.
 산에 임해선 경건하고 엄숙하고 겸손한 자세가 되어야 한다. 절의 부처님을 모시듯, 교회의 하나님을 대하듯, 낳아주신 부모님을 위하듯이 산을 맞아야 하지 않을까. 산은 외경의 눈으로 우러러보는 대상이지 파괴와 유린의 목적어가 되어서는 안 될 말이다.

　산은 변하지 않는다. 인간 세계를 비롯한 만물이 현기증 나도록 급속히 변하고 있지만 산은 영겁의 세월이 흘러도 변함이 없다. 하늘과 해와 바다와 더불어 굳건히 그 자리를 지키고 있다. 산 앞에서 시간을 논하는 일은 영 어울리지 않고 부질없는 일이다. 지조 있는 선비처럼, 절개 있는 여인처럼 올곧고 고집스레 버티고 있다. 간혹 외부의 힘에 의해 생채기가 나고 살점이 떨어져도 허허 웃고는 놀라운 복원력을 보여 준다. 사계절 따라 옷을 갈아입고 색채를 잠시 바꿀 뿐 그 근본을 잃지 않는다. 지상의 겉모습은 시시각각 변하지만 땅 밑에서 요지부동 불변의 위치를 지키고 있는 나무뿌리처럼.

　사람들은 험준한 능선을 타고 깎아지른 봉우리에 오르는 묘미를 즐기려고 산을 찾는 것일까. 겨우 그 정도에 그친다면 산행의 의미가 다른 것과 크게 다를 바가 없다. 산은 도

대체 인간에게 어떤 존재이고 어떤 힘을 부여하며 어떤 깨우침을 안기나를 모른다면 천신만고 끝에 산의 정상에 오른들 무슨 소용이 있을까.

산의 존재 이유를 알기 위해 굳이 높고 먼 산길을 더듬어 갈 필요는 없다. 먼저 산의 넓은 가슴에 뛰어들자. 이름 모를 풀 향기를 음미해도 좋고 산의 정령인 바람과 대화해도 좋다. 산은 일상에 지친 심신을 위안해 준다. 산은 어제까지 불같이 타오르던 욕망을 다스려 준다. 산은 미치도록 쓰라린 고뇌를 치유해 준다. 슬픔, 고통을 비롯해 인간 내면의 그늘진 구석을 말끔히 씻어 주는 존재가 바로 산이다.

산은 본질적으로 어린애처럼 순수하고 숫처녀 같은 정결함을 품고 있다. 보이는 그대로 공기는 깨끗하고 물은 맑고 숲은 청량하다. 오감의 한 편린이라도 있는 사람이라면 그것들을 전혀 느끼거나 맛보지 않고 산을 바라볼 수 있을까. 산중의 그윽한 곳에서 산을 마주 보고 내심을 고백하라고 했을 때 신부에게 고해성사하듯이 진실을 토하지 않을 사람이 있을까. 온 누리에 고루 퍼지는 햇살을 내려다보고 노을에 젖어 신비한 그림자를 드리운 산등성이를 바라보는 순간 한 치의 거짓이라도 머금을 수 있을까.

자연에는 여러 가지 형태가 있다. 하늘과 태양, 달과 별, 바다와 사막, 들과 산… 실은 모두가 하나로 이어진 것이요, 마디 끊듯 나눔이 부자연스럽긴 하나 저마다의 개성과 정감이 다른 점은 어쩔 수 없다. 감각의 한계가 있는 일월과 바람 등은 제외하고 바다를 보자. 망망대해로 뻗은 수평선의 저 끝에 닿을 수 없고 그 깊이를 측량할 수 없는 바다. 고요한 수면을 바라보고 있자면 가슴이 넓어지고 꿈은 커진다. 무한한 미지의 세계를 동경해본 감회에 젖은 적이 있으리라. 아량, 포용, 평등, 충만, 침묵, 때로는 분노의 상징으로 여겨 온 바다의 면모. 하지만 드넓게 트인 느낌에 만족할 뿐 가까이 하기엔 무척 두려운 존재가 바로 바다이다. 좀 더 바다의 내면을 들여다보기엔 많은 제약이 따른다.

산은 마음만 내키면 언제라도 다가설 수 있다. 배낭만 메고 훌쩍 산으로 떠난다. 그도 싫으면 홀가분한 입성으로 나서도 좋다. 모습의 다양성은 또 어떠한가. 물이 있고 숲이 있고 초원이 있고 흙이 있는 자연 중의 자연이요, 작은 우주이다. 옛 장롱에 새겨진 십장생을 살펴보자. 산 자신이 그중의 하나요, 구름과 해를 뺀 나머지가 산을 구성하고 생명의 터전으로 삼고 있지 않은가.

산에서 배우는 것은 무엇인가. 우리는 가정, 학교, 사회와 온갖 현실에서 많은 것을 배운다. 스승과 선배, 부모와 친구에게서 지식과 지혜 또는 경험을 받아들인다. 그래도 부족한 것은 다수의 정보 매체와 책으로부터 얻는다. 이것으로 충분할까. 인간의 본성을 되돌아보고 인생의 지침을 구할 때 그것들의 역할에 모자람은 없을까. 양적으로 넘치는 지식과 정보의 범람 속에 우리는 진실을 찾을 수 없고 더욱 세상의 혼탁함 속에서 방황하는 내 자신을 발견한다.

그러나 아, 산에 발을 들여놓는 순간 그 아픔은 씻은 듯이 사라진다. 산의 범접할 수 없는 기상과 위엄과 고고함을 마주할 때 섬광 같은 환희에 전율한다. 봉우리와 물줄기와 꽃잎과 산들바람이 가르침을 준다. 수만 권의 양서에서도 표현 못한 불립문자의 깨달음을 얻는 곳이 곧 산이다. 그것은 누구의 도움 없이 이루어진 성찰이기에 뜻깊고 값진 것이다.

우리는 산을 찾아서 자연으로 돌아가는 작은 몸짓을 즐겨 행하여야 한다. 그 작은 몸짓이 시나브로 쌓여 나갈 때 큰일을 이룰 수 있다. 그것은 둘이었던 자연과 인간이 하나로 합치는 것이다. 애초에 인간과 자연은 가깝고 친밀했다. 어느 때부터 산업화의 물결이 휩쓸자 인간은 물질을 추구하고 편리함을 좇았다. 자연은 밋밋하고 거추장스러운 반면 물질은 달콤한 향내로 인간을 유혹했고 경쟁심과 소유욕을 부추겼다. 인간은 자연과 점차 멀어졌고 문명사회의 포근한 침대에 안주한 채 자연을 까맣게 잊어버렸다. 그런데 그 행복은 오래가지 않았다. 언제까지나 행운이 계속되리란 환상은 깨지고 금으로 칠한 집은 신기루였고 달콤한 꿀은 녹기 시작했다. 원인 모를 불치병이 발생하고 정신은 황폐해지고 생태계와 더불어 인류는 그 생존까지 위협받고 있다. 패륜을 저지르고 가족을 등졌던 탕아가 잘못을 뉘우치고 돌아와 부모님께 용서를 비는 해피 엔딩으로 마치고 싶은 논픽션이다.

다시 산을 찾았다. 문득 소유의 덧없음을 절감한다. 산에 오기까지는 소유가 삶의 모두를 결정짓는 절대적인 것인 줄로만 알았다. 넘치도록 벌어들인 재물을 꽉 쥐고 놓지 않고 허다한 욕망에서 일순의 고삐를 늦추지 않는 아득바득한 인생이 옳은 것인 줄 알았다. 산에 오르자 보이는 것은 무엇인가. 생전의 육신이 한 점의 흙으로 돌아간 초라한 무덤이 눈앞에 있다. 밭떼기 하나, 푸성귀 한 소쿠리, 자그마한 초막집이 보인다. 이미 만들어진 질서에 순종해 위에서 밑으로 졸졸 흐르는 골짜기의 물이 눈에 띈다. 적량의 공기만을 마시는 꽃과 나무가 계절에 맞춰 활짝 피고 열매 맺고 아낌없이 주고 나신이 되는 모습이 눈에 아른거린다. 역시 주어진 것에 만족하고 창공을 휘젓는 새들의 자유가 눈부시다. 가파른 산마루를 넘고 넘어 최고봉에 올라 뽐낼 때 하늘이 미소 짓고 굽어본다. 마냥 넉넉하고 가멸찬 물질의 풍요가 삶의 전부라고 생각함은 커다란 착각이요 망상이 아닐 수 없음을 그곳에서 깨닫는다.

묵묵히 산에 오를 때에는 시간을 의식하지 않고 남과 경쟁할 필요도 없다. 정상에 마지막 발걸음을 디딜 때 여름이면 서늘한 바람이 땀을 식혀 주고 겨울에는 몸에서 나는 열기가 추위를 잊게 해 준다. 하체에 쏠리는 몸의 하중을 견디고 헐떡이는 숨을 가라앉히고 긴 산행을 매듭지을 때 인내의 소중함과 감미로움을 만끽한다. 내리막길에 접어들면서 인생길의, 아니 만물의 영고성쇠, 채움과 비움을 몸소 깨닫는다. 산 위에서 성냥갑만큼 작아진 도시의 건축물을 내려다보곤 세상의 왜소함과 자연의 위대함 및 인간의 자존감을 동시에 느낄 것이다. 산꼭대기에 올라서서 하늘과 악수하고 함성을 내지르는 맛은 산행에서만 누릴 수 있는 특권이 아닌가.

산행은 걷기의 연장이다. 평지가 아닌 경사진 길의 조금 힘든 운동이다. 평소에 꾸준히 걷기를 일상화한 사람은 산을 타기도 수월하다. 서울에서 산의 초심자에게 권하고 싶은 산은 청계산이다. 대체로 평평한 흙산이 안온한 느낌을 준다. 풍수학상 물산水山이고 여성적인 명산이라고 한다. 바위가 많고 가파른 관악산은 그와 대조적으로 불산火山이고 남성적인 산이다. 산이 몸에 익어 제대로 산을 즐기려는 사람에게는 북한산을 권한다. 많은 봉우리와 계곡과 수목이 잘 어우러지고 산세와 풍광이 뛰어나다. 정말 우리나라의 서울은 축복의 도시가 아닐 수 없다.

산들은 저마다 그 모습과 맛과 멋을 달리하고 있다. 그러나 모든 산에 공통되는 영원불변의 본성과 특성이 있다. 그것은 청정과 순수, 정직과 순리, 인내와 순종, 질서와 조화, 생명의 존엄을 말한다. 물이 위에서 아래로 흐르는 이치, 원점 회귀, 시간과 자아를 초월한 무념무상의 경지에 이르고, 대자연 앞에서 인간이 얼마나 무력하고 초라한가를 배우는 기회를 가지며, 인간이 가진 물질보다 훨씬 소중한 것들이 온 산에 가득 차 있음을 발견한다.

산의 신비로움을 보았다. 12월의 추운 어느 날 새벽 산행에 나섰다. 6시, 산의 요정이 아직 단꿈을 꾸고 있을 미명의 시각, 달도 숨었는지 사위는 그야말로 태초의 어둠에 휩싸였다. 방향을 알 수 없는 칠흑의 산길을 어떻게 찾아 산을 오르나 걱정했지만 그것은 한낱 기우였다. 발밑의 풀과 돌들이 하얗게 빛나는 것이 아닌가. 마치 야광 칠을 한 듯한 그것은 촛불처럼, 등대처럼 내 길라잡이가 되어 무사히 정상까지 이끌어 주었다. 그 빛은 하늘에서 내려온 것일까, 땅속에서 솟아난 것일까. 아니면 지상의 나무에서 내뿜는 빛일까.

산은 인생의 안내자요, 고통의 구원자요, 은혜의 어머니요, 기쁘고 슬플 때의 친구요, 적적할 때의 말벗이요, 성취의 각성제요, 어둠 속의 한 줄기 강렬한 빛이다. 산은 마음의 거울이고 벼랑에 섰을 때의 안식처이며 인간에게 영원한 정신적 고향이다.

산은 늙지 않지만 서서히 지쳐 가고 있다. 지금까지 산이 우리에게 아낌없이 선물을 주었는데 이제는 우리가 산에게 보답해야 할 시점에 이르렀다. 만물의 영장이라는 교만을 거두고 겸허한 마음가짐으로 자연과 산을 위하는 길을 찾아야 한다.

　거리를 걷다 문득 고개를 드니 구름을 머리에 인 관악산 연주암이 아스라이 보인다. 산을 향한 그리움이 뭉클 솟는다. 소나무와 코끼리바위와 종달새와 다람쥐와 계곡물이 불현듯 보고 싶다. 그들이 한목소리로 나를 부르고 손짓한다. 물질과 문명의 울타리에 갇혀 있는 나는 그들이 보고 싶어도 한걸음에 달려갈 수 없다. 그래, 기다림은 만남을 위한 짧은 과정이요 기쁨이다. 무딘 감성의 허물을 벗고 곧 너에게 가마.

　당신은 지금 산의 어디에 있는가. 입구인가 중턱인가 산마루에 와 있는가. 또는 길을 헤매고 있는가. 너무 일찍 올라온 것은 아닌가. 아니면 아직 다 올라오지 않았는가. 땀 흘린 끝에 드디어 정상에 이르렀다. 환호와 칭찬에 젖어 눈을 감고 있는가. 깨어라! 내려갈 순간을 잘 선택해야 할 길목이다. 밑에서 끊임없이 많은 사람들이 올라오고 있지만 그곳에 함께 설 자리는 좁다. 지나침이 없는 자족自足의 선을 긋고 이제 하산의 채비를 하라. 당신이 산 위에 있을 때보다 더 큰 박수와 존경이 쏟아질 것이다.

당신, 이제 산에 호감이 가지 않는가. 뭐든 항상 처음이 고비지. 한 번 두 번 산을 찾다 보면 경이로운 산의 매력에 흠뻑 젖어갈 걸세. 도저히 뿌리칠 수 없는 짝사랑의 정념에 빠지고 말 거야. 그때 망설이지 말고 나를 부르게. 기꺼이 동반자가 되어줄 테니까.

이 가을을 보내는 뜻은

아, 정녕 가을이 찾아왔나요.

침 한 방으로 온밤을 설치게 하던 모기가 진작 사라지고 젖 달라고 보채는 아기 같던 매미의 울음소리도 뚝 그치고 보니 문득 가을이군요.

하늘은 높고 투명합니다. 높이 떠 있는 구름은 속살까지 보일 듯하고 이 땅을 안은 궁륭의 가슴은 그 어느 때보다 더 커 보입니다.

요즘 우리나라는 계절이 실종되었어요. 여름에 스키를 타고 겨울에 수영을 할 수 있는 세상이 물론 편리하고 좋습니다. 그러나 고추는 매워야 맛이고 술은 적당히 취해야 제값을 하고 커피는 뜨거워야 커피답습니다. 또한 인생이 괴로워야 삶의 의미를 찾듯이 겨울은 추워야 제맛이 아닐까요. 허다한 문명의 이기를 만끽하고 나날이 분주한 일상의 수레에 몸을 내맡기는 서울이나 도회지에서 계절은 죽거나 자취를 감추어버렸습니다. 오늘의 최고 최저 기온과 눈비 따위를 읊는 일기예보나 부리나케 옷깃을 여미는 행인의 모습에서나마 어렴풋이 계절의 단면을 엿볼 듯합니다.

 계절을 구분할 수 없는 나라에 사는 사람들은 매우 불운한 국민이 아닐까요. 그들은 아주 덥거나 몹시 추운 한 가지 세계만을 숙명처럼 안고 평생을 보내죠. 기후상의 단조로움보다는 사색의 은혜를 베푸는 계절을 가지지 못했기에 삶의 희망이 없고 불행할 것으로 생각합니다.

 가을은 사계절 가운데 단연 돋보이는 자태를 드러내고 있습니다. 지극히 평범하면서 무언가 말과 붓으로 그려내기 힘든 모습이 그 속에 담겨 있어요. 봄은 그냥 들뜨고 달콤하고, 여름은 허우적거리고 짜증 나고, 겨울은 거칠고 두렵습니다. 그런데 가을은 고요하고 차분하고 온유하고 경건하고 정숙하고… 좀 더 많은 훌륭한 본질을 품고 있습니다.

 가을은 그대로 한 편의 시요, 영화요, 음악이요, 그림입니다. 아니 이 모든 것을 아우른 종합예술입니다. 때로는 어떤 문자와 필름과 음향과 색채로도 그 표현이 힘든 불가사의한 대상임이 틀림없습니다.

  가을의 진수는 아무래도 책과 낙엽에서 찾아야겠죠. 손에 잡히는 어떤 종류의 책이라도 좋습니다. 묵직한 서정주의 시집이나 20대에 이미 영혼을 절규하던 루 살로메의 소설도 좋고 읽기에 부담 없는 소품도 괜찮습니다. 발길이 닿는 대로 어느 공간이든 가리지 않습니다. 가족과 행복의 내음을 피우는 집 안의 테라스, 사람이 북적대는 흔들리는 차 안, 덩그러니 혼자 남은 사무실 안, 스산한 바람이 떠도는 고궁, 보름달이 훤히 비치는 시골집 마당의 평상 등…. 가져온 책 한 권을 펼칠 수 있는 곳이면 어떤 장소라도 탓하지 않습니다.

  뿌리 깊은 나무에 기대어 푸른 전성기를 구가하다 소임을 다하고 어김없는 시점에 지상으로 몸을 낮추는 낙엽. 아니 처연히 죽은 듯싶다가 이듬해 불사조처럼 다시 살아나는 잎은 또 어떤가요. 낙엽의 짧은 생애가 인간들 삶의 작지만 아름다운 이상적 모델이라고 하면 억지 표현이 될까요.

　가을은 독서를 통한 명상, 낙엽을 바라보는 사색에 의해 더욱 값진 시간으로 자리잡고 있습니다. 책은 곧 정신이요, 낙엽은 바로 자연이니 가을은 다시 말해 정신과 자연을 보듬고 그 둘을 조화하고 결합하는 위대한 신입니다. 가냘프고 작은 풀잎으로부터 광대무변한 우주에 이르기까지 자유 편재하는 바람과 같은 넋이 다름 아닌 가을입니다.

　가을은 짧습니다. 짧기에 아름답고 황홀하고, 미치도록 사랑하는 연인과의 만남처럼 헤어짐이 정말 두렵습니다. 짧은 것은 작은 것입니다. 가을은 작지만 초라하지 않습니다. 한 꺼풀 벗기고 다시 보면 당당하고 화려합니다.

　사물의 양극은 대개 의식의 가두리에서 빚어지는 현상이 아닌가요. 마음에서 작용하기 나름일진대 가을은 어쩌면 짧고도 긴 것이요, 작고도 큰 존재입니다. 물리적 시간은 매우 짧지만 정신적 시간은 가장 길 수도 있습니다. 가을이 주는 선물을 가슴 깊이 지니고 되새김하세요. 오래도록 불타오르는 촛불이 될 것입니다. 봄, 여름, 겨울의 흐름은 내 몸 밖에서 겉도는 한낱 의미를 상실한 언어가 될 뿐입니다.

　가을은 사랑입니다. 아니 가을은 인생과 더 닮았습니다. 허망한 꿈결처럼 짧다는 점에서 둘은 동의어입니다. 가을은 우리 인생의 굽이치는 물결 따라 속절없이 사라졌다가는 다시 나타나곤 합니다. 차고 기우는 밤하늘의 달과 같은 우수憂愁와 허무의 색조를 띠기도 합니다. 어찌 보면 끊임없이 생멸하는 가을이 인생을 비롯한 모든 유한한 존재들을 가슴 깊이 품고 있는 것은 아닐까요.

　성큼 가을이 왔습니다. 길어지는 여인의 옷소매에서, 지나가는 숙녀의 머릿결을 덮은 향수에서, 찬란하게 익어가는 황금빛 들녘에서, 추수를 서두르는 농부의 팔뚝 힘줄에서, 결혼을 맞은 신부의 몸치장에서, 수능을 준비하는 수험생의 결연한 눈빛에서, 취직을 위해 부지런히 뛰어다니는 대학생의 발걸음에서, 태풍에 잃은 재산의 복구에 쏟는 피땀 어린 손길에서, 환절기 감기에 걸린 아기에게 기울이는 엄마의 보살핌에서, 담쟁이 잎 하나에 소생의 의지를 살리려는 불치병 환자의 얼굴에서 가을은 그 고결한 숨결을 드러내고 있습니다.

지금 오고 있는가 싶으면 이미 왔고 아니, 벌써 가버리는 것이 가을인가 봅니다. 그러나 가을이 남긴 자취는 지울 수 없는 기억처럼, 메아리로 돌아오는 소리와도 같이 내 가슴에 영원히 각인되는 화석이 될 것입니다.

가을을 들어 보세요. 가을의 정령이 소슬바람으로 변신하여 우리를 부르는 소리가 들리지 않습니까. 너울너울 나부끼는 춤사위에 유혹당하지 않고 견딜 수가 있을까요.

가을을 실컷 보세요. 짙푸른 대지와 코발트빛 창공이 한데 어우러진 황홀한 비경을 혹 보신 적이 없나요? 눈이 시리도록 보아도 그 충만함을 만끽하지 못할 거예요.

가을을 마셔 보세요. 가진 술을 다 마셨다고 실망하지 마세요. 빈 술잔에 가을을 가득 채우세요. 꿀처럼 달고 대기처럼 배부르지 않은 가을 술에 흠뻑 취해보세요.

아니면 몸피를 바짝 줄여서 가을의 품속에 뛰어들어 보세요. 고달픈 삶에 지친 우리 육신은 물론 외로운 영혼마저 꼭 껴안고 사랑해줄 거에요.

'가을'이 들어가는 어휘는 그냥 듣기만 해도 좋아요. 가을비, 가을 숲, 가을 나무, 가을 바다, 가을 하늘, 가을 노을, 가을 풍경, 가을걷이, 가을 여행, 가을 운동회, 가을 산행, 가을밤, 가을 향기, 가을날의 새벽, 가을에 만난 사랑, 가을 사람….

이 중에서 가장 나은 말은 아무래도 가을 사람인 듯싶습니다. 가을 사람은 가을에 있는 모든 것들을 꿰뚫어 보고 손을 뻗어 부여안고 끝내는 가을과 하나가 되는 훌륭한 존재입니다.

가을 사람은 이 가을과 잠시 이별하면서 그것의 존재 의미를 두고두고 반추해봅니다.

나이 들면 보이는 것들

 추적추적 가을비가 내리고 있다. 창문을 여니 서늘한 기운이 불청객처럼 스며든다. 하루가 또 저물어가고 있다. 저만치 은행나무 하나가 낙엽을 하나둘씩 떨구고 있다. 스산한 가을 저녁의 풍경을 바라보며 명상에 젖는다.
 내 나이 어느덧 66세가 되었다. 아저씨보다 어르신 소리가 더 익숙하고 웬만한 젊은이에게 적당히 하대해도 허물이 되지 않는 나이다. 때로는 인생 황혼기에 접어들었다는 서글픈 생각이 든다. 100세 시대에 웬 청승맞은 소리냐는 타박을 들을 법하다. 하지만 병들고 노쇠해질 앞날을 내다본다면 살 만큼 살아왔다고 해도 지나친 말은 아니리라.
 나이가 들어갈수록 삶의 색깔이 달라지고 그 무게감도 변한다. 대개는 전자는 밝은색에서 어둡고 칙칙한 색으로, 후자는 가벼움에서 무겁고 버거운 느낌으로 바뀌지 않을까 싶다. 우리가 이 세상에 태어날 때 울며 나오는 것처럼 삶의 본질은 슬픔일까. 그 정의에 꼭 동의하지는 않지만 삶이 근본적으로 만만치 않다는 것은 틀림없는 사실이다.

10대의 학업, 20대의 사랑, 30대 이후 직장 또는 사업에서 자기가 원하는 대로 뜻을 이룬 경험이 얼마나 될까. 세상과 현실을 우습게 보고 덤볐다가 실패하고 좌절한 적이 많지 않은가. 저마다 삶의 과정과 결과가 다르겠지만 나 또한 그랬다. 사랑에 몇 번 홍역을 앓았고 사회적 지위는 높지 않았고 돈도 넉넉히 벌지 못했다. 태산같이 무거운 삶을 솜털처럼 가볍게 여기고 안이하게 맞섰다. 보이지 않는 적과의 싸움에서 살아남기 위해 아등바등하다 보니 이 나이였다.

나이가 드니 사물을 보는 관점이 달라졌다. 몸은 약해져도 정신의 키가 높아져 멀리까지 시야가 넓어졌다고나 할까. 마음의 여유가 생겨 매사에 서둘지 않는다. 긍정적인 마음가짐이 늘어나 신상에 안 좋은 일이 생겨도 선의로 해석하는 자신을 보고 놀라곤 한다. 남이 나를 미워하면 화가 나고 그에게 반감을 가졌지만 이제는 그럴 말한 사정이 있겠지 하고 자신을 돌아보는 여유를 갖게 되었다. 타인의 신산스러운 삶에서 무언가 배우려고 애쓴다. 나이가 들면 스스로 철학자가 된다. 다른 사람들 모두가 현인이고 반면교사다.

나이가 들면 한때 쌓아올린 지식이나 기술보다 긴 연륜에 녹아 흐른 지혜와 상식이 더 필요함을 느낀다. 세상은 진실의 힘으로 지탱해야 마땅하거늘 오히려 현실에선 그것이 불필요하고 거추장스럽기만 하다. 거짓이 더 편하고 유용할 때가 많다. 잘못되고 모순된 일이지만 그것을 받아들이지 않고는 결코 이 거친 세상을 헤쳐 나갈 수 없음을 절감하곤 한다.

주위에서 가끔 남에게 상처받았다고 그를 증오하고 인간관계를 멀리하는 사람을 볼 때가 있다. 그렇다면 나는 깨끗하고 완전한 사람일까. 나 때문에 상처받은 사람들이 뒤에서 숨죽이며 흐느끼고 있다는 생각은 해보지 않았는가. 저쪽에서 오기만 기다리고 내가 먼저 다가갈 생각은 해보지 않았는가. 아만我慢과 독선은 우리 일생에 일관되게 지양되어야 할 장애물이다. 내가 부족하다는 겸손과 남도 옳을 수 있다는 열린 마음을 가슴속에 담아야 한다. 그것이 인생을 슬기롭게 살아가는 비결이 아닐까 싶다.

　새삼스러운 말이지만 나이 들수록 인간관계의 소중함을 느낀다. 가족 간 애정을 줄기로 친구, 지인들과의 우정을 가지로 한 그 나무의 뿌리는 인간 사이의 따뜻한 정情이다. 외롭고 쓸쓸할 수밖에 없는 노년의 삶, 공허한 울림이 자리 잡는 노년의 가슴을 채워 주는 것은 그러한 인간관계의 지속이다. 단, 그 만남이 물질과 사욕에 물들지 않고 깨끗하고 순수했으면 좋겠다. 요즘 내 일상의 발길이 자주 가고자 하는 곳은 자연의 공간이다. 콘크리트로 대변된 문명을 벗어나 흙과 물과 돌과 나무와 새가 있는 자연을 찾아간다. 맑은 공기, 소슬한 바람을 음미하고 하늘을 어루만지는 구름을 바라보며 인간이 지향해야 할 목표는 무엇일까 가만히 묵상해본다.

　긍정의 힘은 나이 들어서도 필요하다. 나이 먹고 늙어갈수록 나약해지고 체력이 떨어짐은 어김없는 사실이다. 살아갈 날이 살아온 날보다 적다고 삶의 가치와 존엄이 떨어지는 것은 아니다. 나이 들어서도 긍정적으로 사고하고 긍정적으로 행동해야 내 앞날이 밝아올 것이다. 아직은 이 세상에 추한 것보다 아름다운 것이 더 많고 나쁜 사람보다 착하고 좋은 사람이 더 있고 슬프고 우울한 것보다 기쁘고 즐거운 일이 더 많다. 인생의 길목에서 숱한 고난과 시련과 마주칠 때 긍정의 사고와 행동은 그것을 극복하는 데에 큰 힘을 발휘한다. 비관과 부정의 사고는 문제 해결에 전혀 도움을 주지 않는다. 암담한 벽과 막다른 골목이라고 좌절하고 주저앉기보다 반드시 길이 있고 나는 할 수 있다고 용기와 자신감을 갖고 냉철히 사고할 때 그 길을 찾을 수 있다. 엄청난 천재지변이나 외부 요인이 아닌 인간세계의 문제는 정신력 하나에 달려 있다.

인생이 순조롭게 잘 풀리고 있을 때 그것을 즐기되 자만하지 말 것이다. 비바람 칠 앞날에 대비하는 자세가 필요하다. 역경에 처해 고통받고 있을 때는 참고 견디면서 결코 절망하지 말자. 희망을 품고 앞길을 헤쳐 나가다 보면 언젠가 밝은 빛줄기가 비칠 것이다.

치명적인 폐질환을 앓다 몹시 어렵게 폐 이식을 받고 기적처럼 살아난 친구가 있다. 일생에 치러야 할 고통 중에 당장 숨이 끊어질 듯한 육체적 고통보다 더한 것이 있을까. 죽음 직전에서 소생한 그는 인생과 세상을 보는 눈이 완전히 달라졌다고 한다. 숨 쉬고, 발로 걷고, 밥 먹고, 말하고, 사람들 만나는 일상의 하찮은 것들이 실은 얼마나 소중하고 고마운 일인지 깨달았다고 한다. 물질에의 욕망이 부질없고 삶 앞에 오만했던 자신이 부끄러웠다고 한다. 이 순간 살아 있다는 자체가 축복임을 절실히 느꼈다고 한다. 그는 남은 생을 절제와 감사의 마음가짐으로 살아가겠다고 결심했다.

인간의 삶은 어쩌면 대단한 것이 아닐 수도 있다. 무한히 넓은 우주의 작은 별인 지구의 한 귀퉁이를 차지해 살고 있는 허다한 생명체 중의 하나, 창해일속 같은 존재가 아닌가. 인생의 짧은 시간에 우리는 더 많은 재물, 더 높은 지위, 더 나은 명예를 얻기 위해 치열한 생존경쟁을 벌인다. 끝없는 욕망을 꿈꾸며 남과 다투는 사이 인간의 참모습은 사라지고 인성이 피폐해질 때 다른 종에 대한 우월성은 어디서든 찾아볼 수가 없다. 이상과 꿈을 향해 줄달음치고 몸부림쳐 봐도 뜻을 이루기가 쉽지 않고 결국 내게 찾아오는 것은 노약老弱이고 손에 쥐는 것은 한 줌의 흙이요, 한 줄기 바람이다. 인생은 평범한 것이란 진리를 새기고 소확행을 즐기며 사는 것이야말로 삶의 바른 모습이 아닐까.

인간의 수명이 고작 100년(길다는 사람도 있지만 살아 있을 때의 착각일 뿐이다) 안팎인 것은 매 순간 치열하게 살되 헛된 욕망을 품지 말라는 뜻이다. 인간이 많은 능력을 갖췄지만 한 치 앞을 내다보지 못함은 역시 모든 삼라만상 앞에 겸허하게 살라는 뜻이다. 늙어서 쇠약하고 고통을 겪는 것은 언젠가 찾아올 죽음을 쉽게 받아들이라는 의미다.

노인과 청년은 우리 인생과 사회를 이끄는 쌍두마차다. 노년의 과거가 청춘이고 청춘의 미래가 노년이다. 청년과 노인은 시간이 앞뒤로 바뀐 것일 뿐 동전의 양면처럼 둘이 아닌 하나다. 남자와 여자가 상반된 존재지만 대립과 갈등의 관계가 아닌 것과 마찬가지다. 청년은 노년에게서 지혜와 경험을 배우고 노인은 청년에게서 정열과 활력을 받아들여 국가와 사회의 구성원으로서 서로 조화하고 협력해야 할 공존의 관계이다. 일각에서 세대와 입장의 차이로 반목하고 멀리하는 양상을 보면 안타깝기 짝이 없다. 노인과 청년이 서로 장점을 보듬어주고 웃으며 대화하고 소통하는 장치와 제도를 만들면 무엇보다 삶이 즐겁고 사회의 건강한 발전에도 보탬이 되지 않을까 싶다.

젊어서는 머리를 들고 산다. 높은 산과 하늘과 별을 보며 열정과 꿈을 키우고 성취와 성공의 문을 향해 달려간다. 나이가 들면 발아래를 보고 산다. 흙, 또는 바다를 보며 겸허와 관용과 평정심을 배우고 내가 돌아가야 할 길을 찾는다.

나이 들수록 능력보다는 품성이 중요함을 느낀다. 진부한 말이지만 돈이나 명예보다 내 몸의 건강이 소중하다. 개인 간의 우정과 사랑보다 많은 사람과 더불어 살아가는 정이 더 귀중하다. 나이가 들수록 차가운 이성보다 부드러운 감성과 따뜻한 감정을 더 찾고 싶은 마음이 드는 것은 왜 그럴까.

양심과 선성은 인간의 참모습이고 기본 덕목이다. 하지만 험난한 이 세상을 살아가기 위해서는 약간의 소악小惡이 필요하다. 그것을 받아들이지 않고는 끝없이 거친 세파를 헤치고 나갈 수가 없다. 그것은 어둠과 빛이 공존하고 거짓이 섞이지 않은 진실이 존재할 수 없는 것과 같은 이치다.

거울을 보지 않고는 자신의 바른 모습을 볼 수가 없다. 자신과 타인을, 그리고 온 세상을 제3자의 시선으로 보는 눈을 키워야 한다. 자신이 착하고 성실한 인간으로 알았으나 거울이란 프리즘을 통해 본 자신의 참모습은 이기적이고 탐욕에 찬 추악한 인간임을 발견한다. 끊임없는 자기성찰의 노력으로 자아를 담금질해야 한다.

인생은 산행과 닮은꼴이다. 산이 아닌 평평한 길만 걸어온 사람은 아무도 없을 것이다. 젊어서는 땀을 흘리며 오르고 늙어서는 조심스럽게 내려온다. 산에 오를 때 배낭이 무겁고 내려올 때는 가볍다. 마찬가지로 인간은 숱한 욕망을 얻기 위해 높은 곳을 오르고 그곳을 내려올 때는 빈손이 된다. 인생은 채우기 위해 올라가고 비우기 위해 내려오는 것이 아닐까. 산에 가는 평범한 일에서 삶의 이치를 배운다.

인간은 어느 정도는 남과 사회를 위해 살아야 한다고 생각한다. 인간은 만물의 영장이요, 생물 중의 가장 뛰어난 존재다. 자신의 생존만을 위해 한목숨 사는 다른 동물들과 똑같은 모습으로 살 수는 없는 것이다. 좁은 땅 위에 인구는 많고 생존경쟁이 치열한 현대 산업사회에 전혀 어울리지 않는 말일 수도 있다. 하지만 인간이 인간답게 살고 이 세상의 주인공으로 자리매김하는 길은 남과 더불어 살면서 도움을 주고받고 정을 나누는 데에 있다. 결혼이란 제도를 만들어 가정이란 울타리를 세우고 사랑을 심었다. 학교와 사회 등의 공간에서 인간관계를 만들고 우정을 심었다. 공존과 상생의 영역을 넓혀 가면서 나와 남을 사랑하는 법을 배운다. 남다른 노력으로 국가와 인류에 공헌한 위인들이 있다. 거창하게 그들을 본받으려고 발돋움할 필요는 없다. 오늘 만나는 수많은 사람들과의 작은 부딪침에서도 더불어 살고 돕고 사는 길은 얼마든지 존재한다. 작은 양보와 배려와 작은 이해와 관심만으로 충분하다. 사람은 근본적으로 동등하고 결코 홀로 살 수가 없으며 나만큼 상대방도 소중하고 존중받아야 할 가치가 있음을 발견한다.

나이 들면 생업을 접고 생존경쟁의 현장을 떠나게 된다. 내가 이 순간까지 탈 없이 살아온 것이 나의 노력과 행운의 결과만은 아닐 것이다. 나를 둘러싼 사회와 내가 만나 온, 또는 보이지 않는 사람들이 도와준 덕분이 아닐까. 감사한 마음으로 보답하는 마음가짐으로 살자. 차가운 눈매를 거두고 따듯한 시선으로 세상을 대하자.

앞으로 곱게 늙을 일만 남았다.
나는 서산을 아름답게 물들이다 고요히 사라지는 저녁놀이 되고 싶다.